今こそ政策に
一票を投じたい！
～政権選択から
政策選択へ～

古吉　貢／著

はじめに

本書の目的は、我が国の公職選挙において、立候補者や各政党が掲げる政策（公約）への投票も可能にすることにより、有権者に投票へのインセンティブを与えつつ、政策に対する有権者の賛否を民意という形で明らかにするとともに、選挙後においても、当選した候補者もしくは政権を委ねられた政党が政治活動や政権運営を行う上で、この民意を最大限尊重するよう義務付ける選挙制度を提案することである。

新しい時代の到来を告げる改元が行われた令和元年の11月20日、安倍晋三内閣総理大臣の在職通算日数が、それまで歴代一位だった桂太郎の2、886日を抜き、日本憲政史上最長となった。桂太郎は、100年以上前の明治34（1901）年から大正2（1913）年の間に、西園寺公望と交代で3度首相を務めた、言わば歴史上の政治家であるが、安倍首相は、そのような政治家の記録を塗り替えたのである。

平成24年12月の総選挙で民主党から政権を奪還した安倍政権は、いわゆる〝アベノミクス〟という経済政策や外交政策などで成果を挙げ、衆議院総選挙や参議院選挙で勝利を続けて両院ともに過半数の議席を常に確保してきたことが、在職通算日数の更新につながった。こうした極めて長期の政権が続く一方で、政権選択選挙と言われる総選挙の近年における投票率は、減少傾向に歯止めがかからず、平成24年12月の総選挙で安倍政権が誕生して以後、戦後最低の投票率を2度記録した。また、参議院議員通常選挙の投票率も、平成

10年以降続いていた横ばい傾向から減少へと転じる兆しを見せている。

このような投票率低迷の要因として、安倍政権が、本来は選挙の争点としなければならないほど重要な政治課題であっても、争点化されることを回避し、強引とも言える手法で政策決定を行うことや民意を無視した政権運営を進めてきたことがあると、筆者は考えている。例えば、集団的自衛権の行使を認める安全保障関連法案は、総選挙で民意を問うことなく、野党や多くの国民が反対する中、衆参の関係委員会で強行採決の末、平成27年9月に成立させた。同様の事例として、国民の知る権利の侵害との批判を受けた特定秘密保護法[1]や国民の人権・自由を侵害するおそれが強いとされた改正組織犯罪処罰法[2]を挙げることができる。

また、令和元年5月26日に行われた安倍首相とアメリカのトランプ大統領との会談では、日米貿易交渉について同年7月の参院選での争点化を回避したい首相の要請がトランプ大統領によって受け入れられ、交渉妥結が選挙後まで延期された。さらに、沖縄県では、国政選挙や地方自治体の首長選挙において、普天間基地移設反対の候補者の当選が続き、移設反対という民意が何度も明確に示されたが、安倍政権によって無視され続けている。

ここで筆者は、いたずらに安倍政権を批判しようとしているのではない。なぜなら、かかる事態は安倍政権に限って起きていることではなく、程度の差はあるものの、戦後の日本政治の歴史を振り返れば、何度か繰り返されてきたことだからである。問題は、「国民が政治に参加し、主権者としてその意思を政治に反映させることのできる最も重要かつ基本的な機会」[3]である選挙が、非常に重要な政治課題について民意を問う機会ではなく、政権を獲得・維持する手段にしかなっておらず、また、民意が明確に示されても政権が無視し続けていることにより、有権者の〝堪忍袋の緒〟が切れ、投票意欲の低下を引き起こしている恐れが高いということである。

そして、より重要であって、安倍政権下で起きている特有の問題は、有権者の投票意欲の低下が、現政権に国会での強固な基盤を与え、安倍首相による強引で民意を無視した政権運営を招いていること、換言すると、民主主義の出発点であるはずの選挙が、安倍首相に合法的な手段で権力を掌握することを許し、非民主主義的な政権運営を浄化できていないことである。我々有権者は、このことに気が付かなければならない。

一方、地方選挙に目を転じると、全国の多くの自治体において同一の日程で行われている統一地方選挙では、首長・地方議会議員の選挙はともに投票率の長期的な減少傾向が続いている。筆者の独自調査によれば、調査時点（平成31年3月）の現職知事が選出された選挙の全国平均投票率は、40％程度まで低下している。こうした投票率低迷に加え、近年

1 平成25年12月可決成立
2 平成29年6月可決成立
3 総務省ホームページ資料より抜粋

では、無投票当選の増加も指摘されるようになっており、特に市町村における選挙において、その傾向は顕著である。

地方自治に関しては、平成12年4月に地方分権改革一括法が施行され、機関委任事務[4]の廃止と国から地方への権限移譲が行われるとともに、国と地方の関係が「上下・主従」から「対等・協力」へと改められた。その後、一層の権限移譲や規制緩和などを主な内容とする第2次分権改革が平成19年から実施されたが、地方自治体が提供する行政サービスは、住民が地方分権改革を全く実感できないほど変化していないのが実態である。

この要因は、地方行政の自主的・自立的運営が可能となった分権改革の成果を地方自治体が活かしきれていないことに加え、行政サービスの量や質を決定する重要な権限を国が留保し、地方に移譲されていないことにある。このため、有権者の関心は、強い権限を持たない地方自治体の選挙ではなく、法律等で自治体を強力に縛る権限を有する国の選挙に向かうのである。そして、有権者の関心が向かう国政選挙でさえ投票率が減少することに引きずられるように、地方選挙の投票率は、長期的な低迷状態から脱却できない。

また、無投票当選の増加については、統一地方選挙などが行われる度に問題視されるが、その制度的な対策について議論されることはない。人口減少や過疎化による候補者不足という課題に対する処方箋を見つけることは容易なことではないが、有権者が政治に参加できる「最も重要かつ基本的な機会」が奪われていることは、農村部などで人口減少や過疎化がさらに進行することが予想される中で、決して放置してはならない重要課題である。

さらに、昭和、平成、令和という時代の流れの中で、我が国が直面している政治課題は極めて多様化・複雑化しており、例えば総選挙における各政党のマニフェストを見ると、年金や高齢者福祉、少子化対策、税金、環境、外交・防衛など、本当に幅広い政治課題について公約が掲げられている。しかしながら、現在の選挙では、一人の候補者や一つの政党に投票できるだけであって、個々の政治課題に関する公約への賛否を表示することは不可能なのである。

令和という新しい時代を迎えた今こそ、より多くの有権者が選挙に参加するよう投票へのインセンティブを与えるとともに、国民生活や社会経済に大きな影響を与える政治課題について必ず選挙で民意を問い、投票結果によって示された民意を最大限に尊重することを政治家や政党に義務付けるための選挙制度、そして、真に〝地方のことは地方が決める〟ことができる地方分権改革のあり方や増加する無投票当選への対応について国民的な議論を行い、そうした仕組みの創設を政治に求めていかなければならないのである。

---

4 機関委任事務は、法令に基づき国から地方自治体の首長へ委任される事務であるが、実質的には、首長を国の出先機関として位置づけ、国の指示のとおりに事務処理することを求められた。

目次

第1章　我が国の公職選挙における投票率の現状

本章においては、普通選挙で実施された日本の公職選挙のうち、いわゆる〝55年体制〟（1955（昭和30）年以降続いた自由民主党が与党、日本社会党が野党第一党という政治体制）確立後における投票率の動向を確認する。まず第1節では、総務省による「衆議院議員総選挙・最高裁判所裁判官国民審査結果調」等から、衆議院議員総選挙及び参議院議員通常選挙（以下「国政選挙」という。）の投票率について、第2節では、総務省による「統一地方選挙全国意識調査」及び筆者の独自調査から、地方自治体の首長・議会議員の選挙（以下「地方選挙」という。）の投票率について動向を見ていく。

第1節　国政選挙における投票率の動向

55年体制が確立した昭和30年の第27回総選挙から第48回（平成29年）までの投票率の推移は、グラフ1－1のとおりである。第27回以降、平成5年7月の第40回総選挙結果を受けて細川護熙を首相とする非自由民主党の内閣が成立するまでの間に、計14回の総選挙が行われたが、うち10回は投票率が70％を超えており、残りの4回は70％を下回ったものの、最低でも第40回の67・26％であった。

しかし、平成8年の第41回総選挙で、投票率は初めて60％を下回り、戦後最低の59・65％となった。これ以降は、〝郵政解散〟と呼ばれた第44回及び初めての本格的な政権交代

グラフ１－１　衆議院議員総選挙の投票率の推移

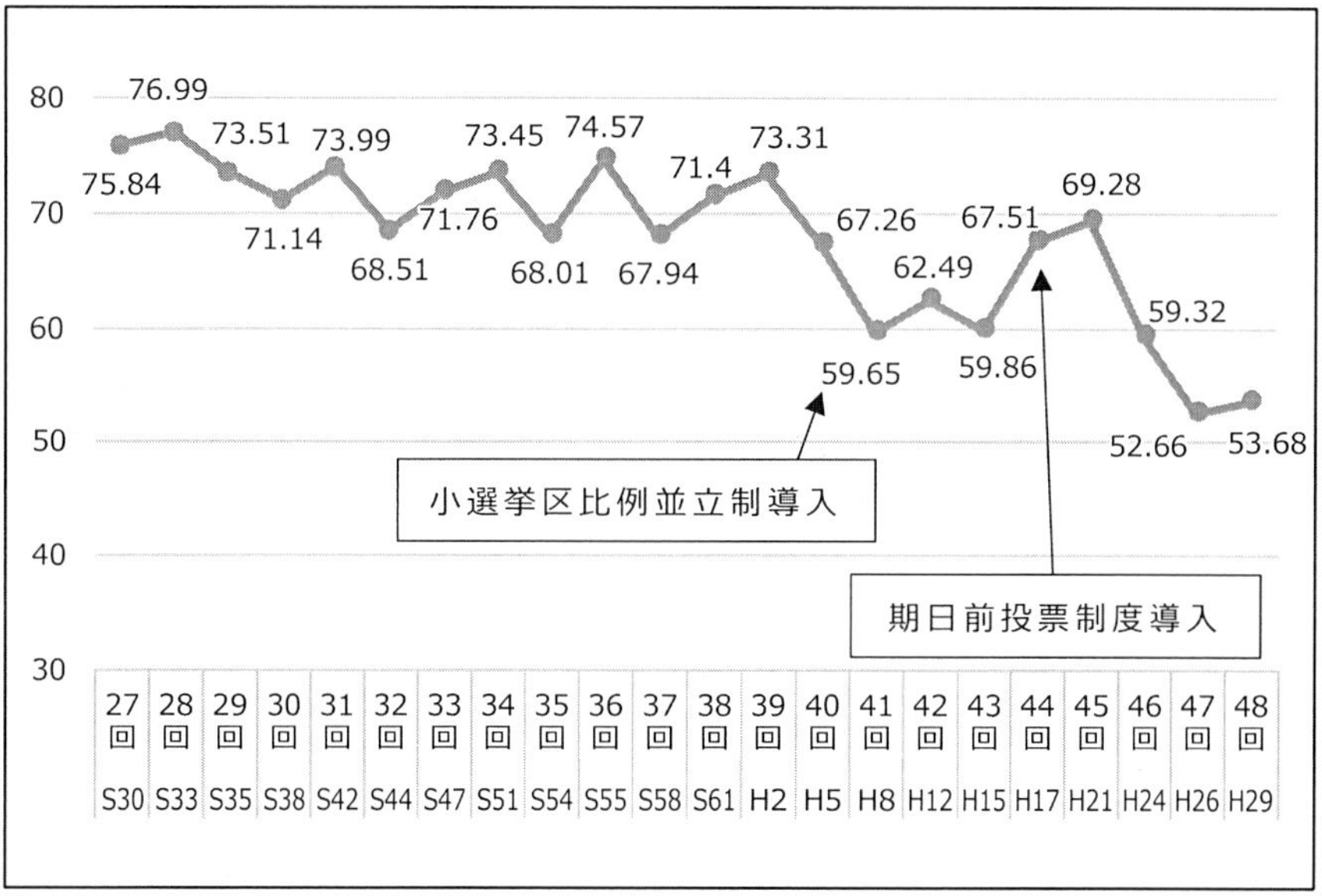

（出典）総務省「衆議院議員総選挙・最高裁判所裁判官国民審査結果調」

が実現した第45回を除いて第40回以前に比べ、低調な傾向が続いており、第47回では52・66％と戦後最低を更新した。直近の第48回でも同水準の53・66％にとどまっている。総選挙の投票率は、長期的にみると、第41回を境に異なる傾向を示しており、近年の投票率は、減少傾向ないしは減少局面にあると言える。

次ページのグラフ１－２には、参議院議員通常選挙における第４回～第25回までの投票率の推移が掲げられている。総選挙と比較すると投票率が激しく乱高下していることが、参議院選挙の特徴である。解散のない参議院の選挙は、地方選挙のように任期満了に伴って実施されるため、有権者の大きな関心を呼ぶ争点が必ずしもあるとは限らないため、こうした場合には投票

グラフ１－２　参議院議員通常選挙の投票率の推移

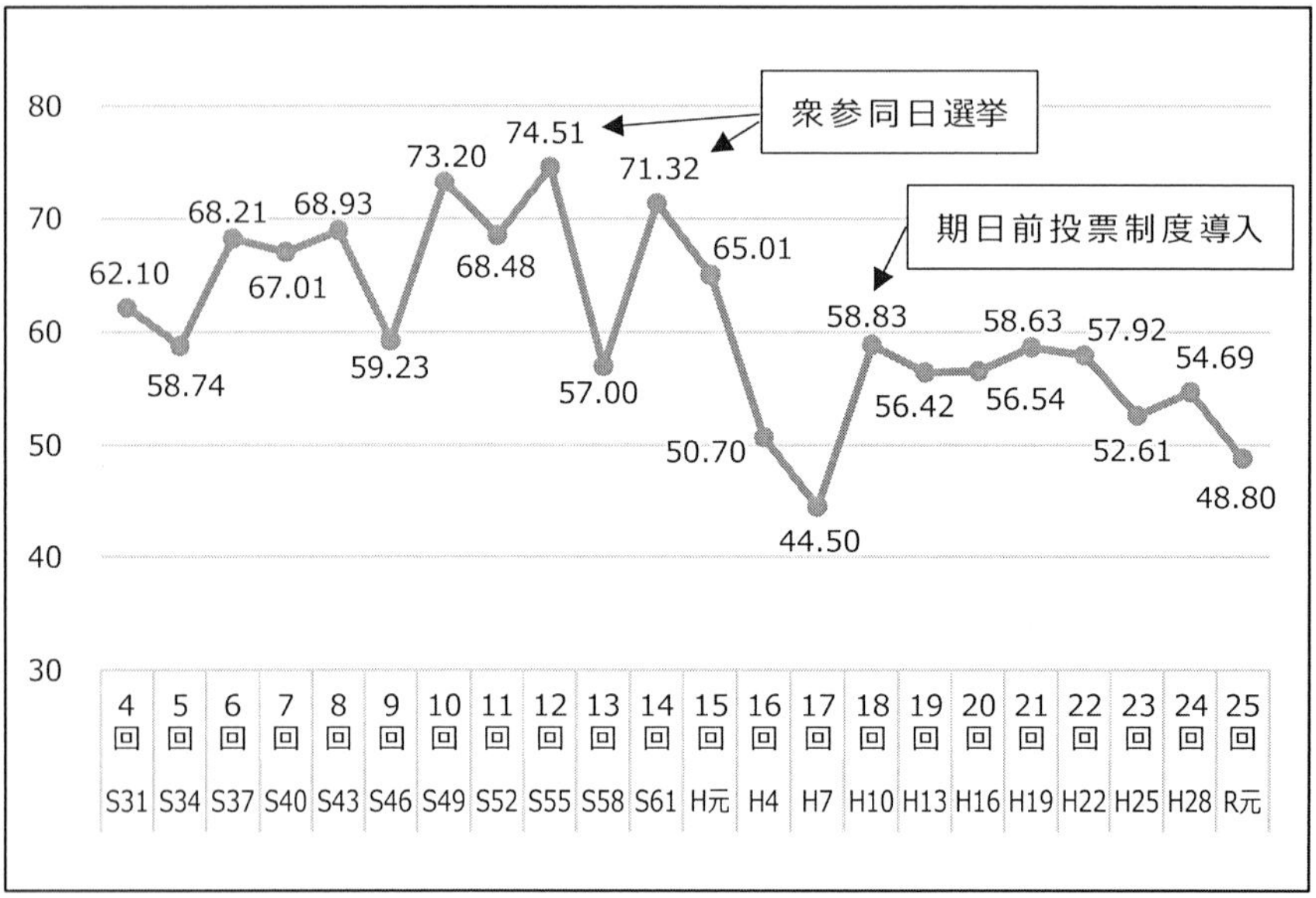

（出典）総務省「参議院議員通常選挙全国意識調査－調査結果の概要－」

率は低くなりやすい。一方、昭和55年及び61年の選挙のように、衆議院と同日選挙となった場合は、自ずと投票率は高くなることから、上下動が大きくなったと考えられる。

ただ、近年の動向を見ると、平成7年の第17回通常選挙で最低の44・5％まで低下した後、第18回から第24回までは50％台を維持しており、上下動の幅は比較的小さくなり概ね横ばい傾向に変化した。しかし、令和初の国政選挙であった第25回通常選挙では、50％を下回る48・8％と戦後2番目に低い投票率になってしまった。今後、投票率がどのように推移するかは、不透明な状況である。

第2節　地方選挙における投票率の動向

地方選挙については、47都道府県と1700余の市町村において首長（都道府県知事及び市町村長）及び議会議員の選挙が行われ、また、その実施時期も一定ではないことから、これらの全ての投票率を統一的に算出することは困難である。そこで、4年に一度、全国的に同一日程で執行される統一地方選挙の投票率を地方選挙の動向を示す指標とする。

まず、首長選挙について、総務省による「第18回統一地方選挙全国意識調査」から、統一地方選挙（第4回～第18回）における投票率の推移を整理したのが、グラフ1－3である。知事選挙の投票率は、第8回までは概ね7割を超えていたが、第9回で7割を切り、第11回～第17

グラフ1－3　統一地方選における首長選挙の投票率の推移

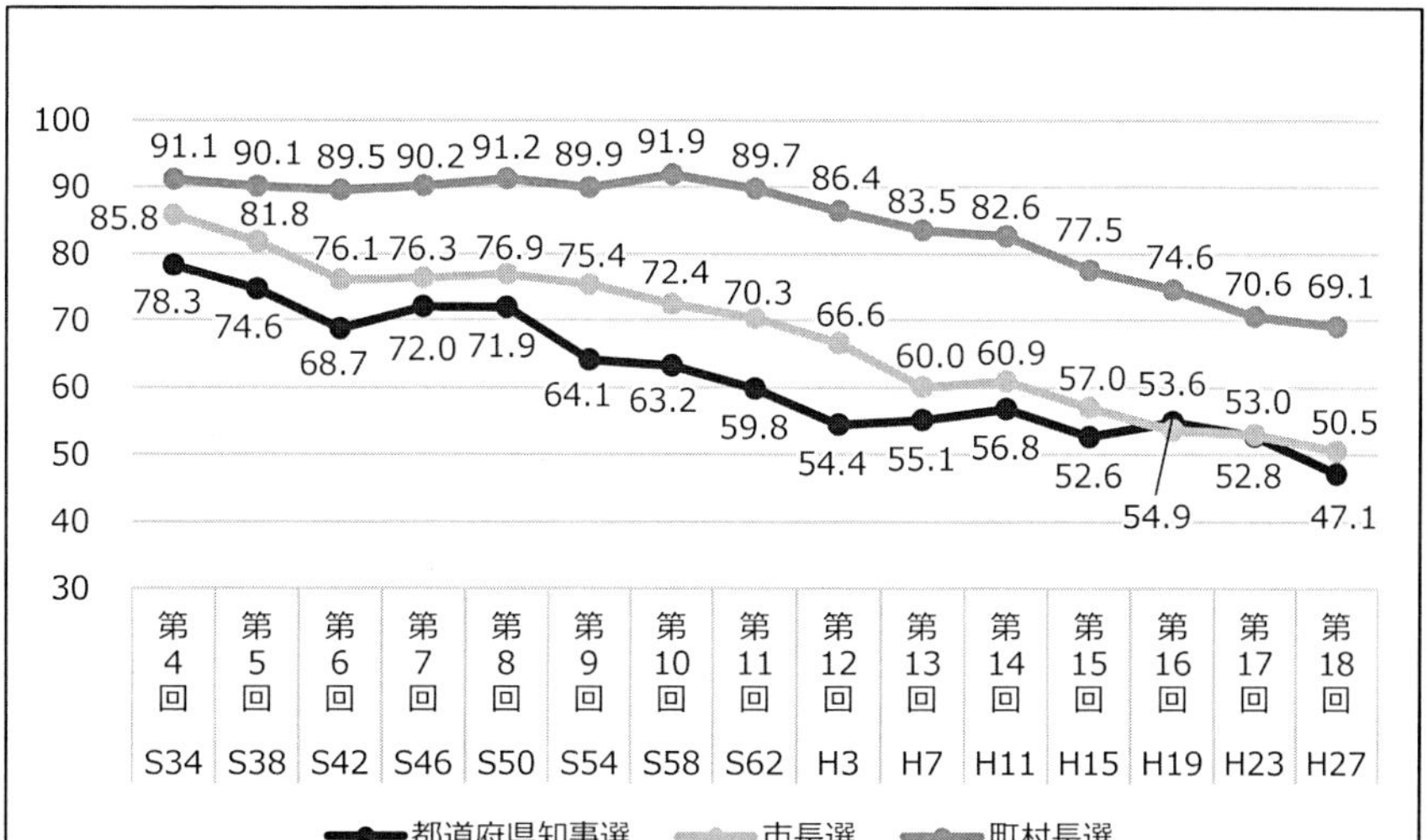

（出典）総務省「第18回統一地方選挙全国意識調査－調査結果の概要－」

回は50％台で推移した後、直近の第18回でついに５割を下回った。また、市長選（政令指定都市を除く。）の投票率は、知事選よりは高いもののよく似た傾向で減少し、最近では知事選とほぼ同水準となっている。一方、町村長選の投票率は、第11回まで約９割と非常に高い水準で推移したが、近年は減少傾向が続いており、第18回では７割を切るまで落ち込んだ。

しかし、地方の首長選挙は、統一選だけで執行されているわけではなく、下表１－１にあるとおり、近年の統一選における首長選挙の執行率は、都道府県で２割程度、市及び町村では１割強にとどまっている。このため、統一選の結果だけからでは、首長選挙の投票率の実態を明らかにすることはできない。

ただ、統一選では執行されない数多くの首長選挙の投票率の全体像を把握することは困難である。そこで、ここでは都道府県知事について、調査時点（平成31年３月）の直近２回の知事選挙の投票率の状況を確認する。

筆者が、各都道府県の選挙管理委員会のホームページ等に掲載された情報から集計したところ（次ページの表１－２）、平成27～31年の間に執行された直近の知事選挙（調査時点における現職知

表１－１　第18回統一地方選挙の首長選挙の執行率

区分	都道府県	市	町村
自治体数	47	770	928
改選数	10	89	122
執行率	21.3	11.6	13.1

（出典）総務省「統一地方選挙全国意識調査－調査結果の概要－」

表１－２　直近２回の都道府県知事選挙の動向

区分	直近	左の前回
当日有権者数	101,271,659	100,490,665
投票者数	43,803,314	44,519,599
投票率	43.25%	44.30%
棄権者数	57,468,345	55,971,066
東京・沖縄除く	40.94%	43.84%

（出典）筆者の独自調査による。

事が選ばれた選挙）の投票率は、全国平均で43・25％[1]であった。また、これらの選挙の前回の知事選（平成22～27年に執行）における全国平均の投票率は、44・30％[2]だった。

このうち、現職知事が任期満了を待たずに辞任に追い込まれるという事態が続いた東京都及び米軍基地移設という県民を二分する大きな問題が争点になった沖縄県を除くと、直近の知事選の平均投票率は、43・25％から40・94％まで低下する。知事選挙の実際の投票率は、統一選の平均よりも、さらに低下しているのである。

そして、表１－２の「棄権者数」欄にあるとおり、全国で５千５百万人を超える有権者が知事選の投票を棄権している。このことは、有権者数が約１億人の我が国において、投票率が40％台の前半という現状を考慮すると当然の帰結ではあるが、その数字の大きさに改めて驚くとともに、決して看過してはならない事実である。

1　無投票であった岩手県、山形県及び高知県を除く。
2　無投票であった秋田県、山形県及び高知県を除く。

なお、地方の議会議員選挙について、同じく統一選における投票率を見ると（グラフは省略）、都道府県・市・町村ともに首長選挙と同じような推移をたどりながら減少している。この原因は、統一選では議会議員選挙が首長選挙と同日に行われることであると考えられる。

一方、地方選挙について、投票率の低下とともに問題視されているのは、無投票当選の増加である。日本選挙学会は、「地方自治体での『総与党化』や『無投票当選』の潮流が進んだことは、地方自治法施行満四十年の記念すべき年に行われた統一地方選挙としては〝ゆがんだ構図〟であったと総括しておかなければなるまい」[3]とし、30年以上前の１９８２年に行われた統一地方選挙で、既に無投票当選の問題が指摘されている。

グラフ１－４　統一地方選挙における無投票当選率

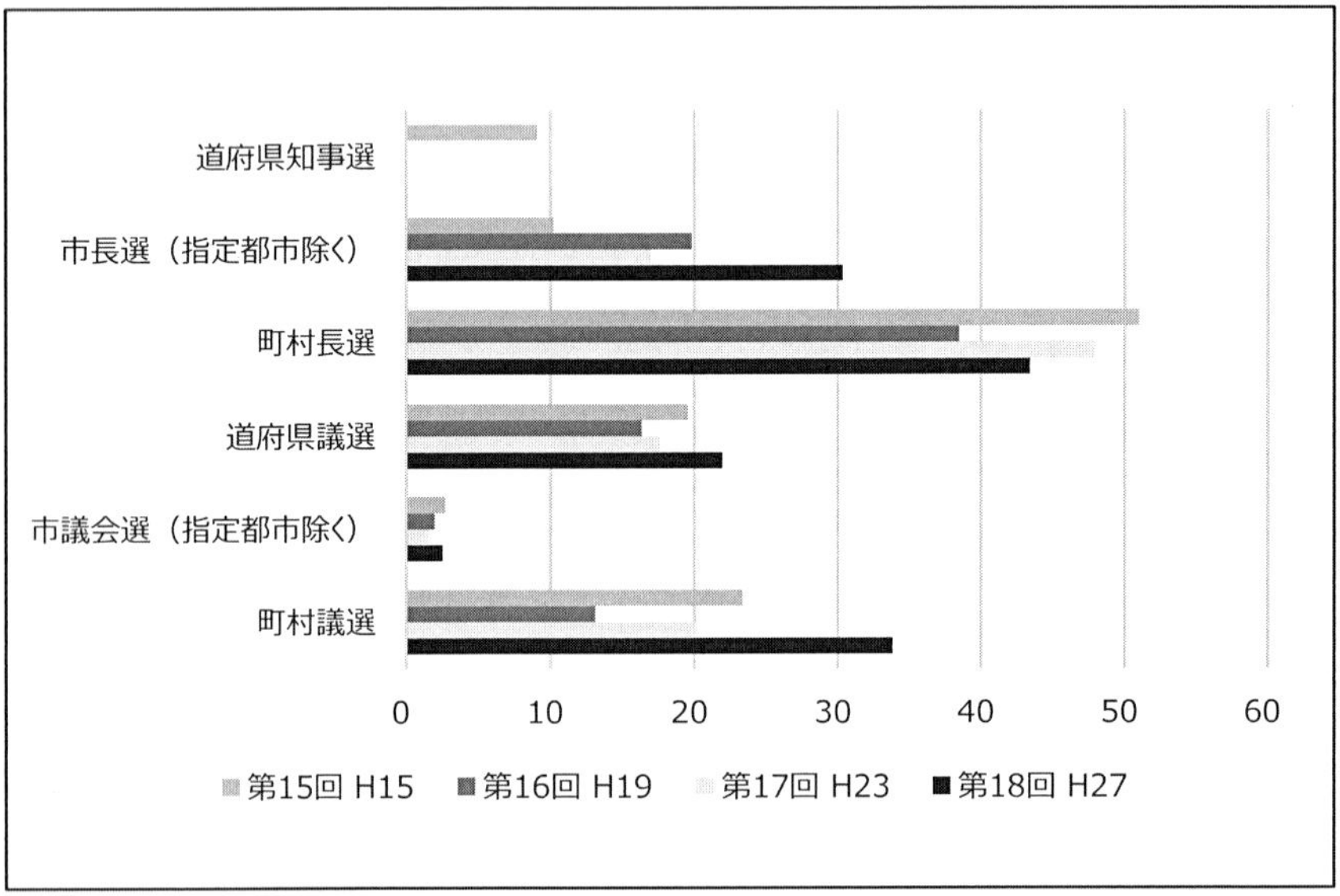

（出典）総務省「統一地方選挙全国意識調査－調査結果の概要－」

最近の統一地方選挙（第15～18回）における無投票当選率をみると（グラフ1－4）、首長選挙では、道府県知事選こそ第16回以降の無投票はないものの[4]、市長選は第18回で30％に達し、町村長選は40％を超えている。また、議会議員選挙においては、町村議会で無投票当選した議員数の総定数に占める割合が20％を上回る状況となっている。

平成31年4月に執行された第19回統一地方選挙でも、政令市を除く86市長選のうち27市長選で無投票となり、無投票当選率は過去最高の31・4％に達した。町村長選では、121町村のうち45・5％もの55町村において無投票となった。最も住民に身近な市町村こそ、民意や地域の実情に合わせて、柔軟に行政運営を行わなければならない自治体である。こうした自治体の運営責任者である市町村長の選挙が行われず、有権者の意思表示の機会が失われていることは、非常に憂慮すべき状況である。

総務省による「統一地方選挙全国意識調査」では、統一地方選挙において多くの無投票当選者が出ていることについて、有権者がどのように受け止めているかを探るため、次ページに記載の3つの選択肢の中から1つを選択する質問が設定されている[5]。

3 日本選挙学会『日本選挙学会年報　ＮＯ．３』１９８８年、北樹出版ｐ．21
4 前ページに記載のとおり、統一地方選挙以外では、山形県や高知県等での知事選挙が無投票当選となっている。
5 この質問は、第9回統一地方選挙から設定されるようになった。

（ア）公職者（首長や議会議員）は投票で決めるのが本筋であるのに、投票なしに決まるのはおかしい。
（イ）定数を超える候補者が立たないのだから、無投票になっても仕方がない。
（ウ）選挙のわずらわしさや、後に対立が残ることや、また経費のことなども考えると、無投票当選もよい。

第9回（昭和54年執行）～第18回（平成27年執行）までの調査結果は、次ページのグラフ1－5のとおりである。「無投票で決まるのはおかしい」の割合は、第9回から第15回まではほぼ増加傾向にあったが、第16回から減少に転じ第18回では32・3％まで低下している。しかし一方で、「無投票になっても仕方がない」「無投票でよい」は、ほぼ横ばいで推移しており、増加したのは「分からない」であった。

「分からない」と答えた者の多くは、現実に定数を超える立候補者がいないので「投票なしに決まるのはおかしい」とまでは言えないが、できれば選挙で決まるのが望ましいと考えたため、「仕方がない」を選択せずに、「分からない」としたのではないだろうか。いずれにせよ、無投票を積極的に肯定する「無投票でよい」という意見は1割程度にとどまっており、選挙によって当選者が決まることを望む声の方が大きいと考えることができよう。

本章のまとめ

【国政選挙の投票率】

①　衆議院議員総選挙の投票率は、近年では戦後最低を更新するなど、減少局面にある。

②　参議院議員通常選挙の投票率は、乱高下という特異な動きを示した後、50％台で推移していたが、令和初の選挙で48・8％と戦後2番目に低い投票率となり、今後の動向は不透明である。

【地方選挙の投票率】

①　統一地方選挙における首長選挙及び議会議員選挙で、投票率が長期的な減少が続いている。

②　筆者の調査によれば、全都道府県の直近の知事選挙の投票率43％まで低下し、全国で5千5百万人

グラフ１－５　無投票当選についての考え方

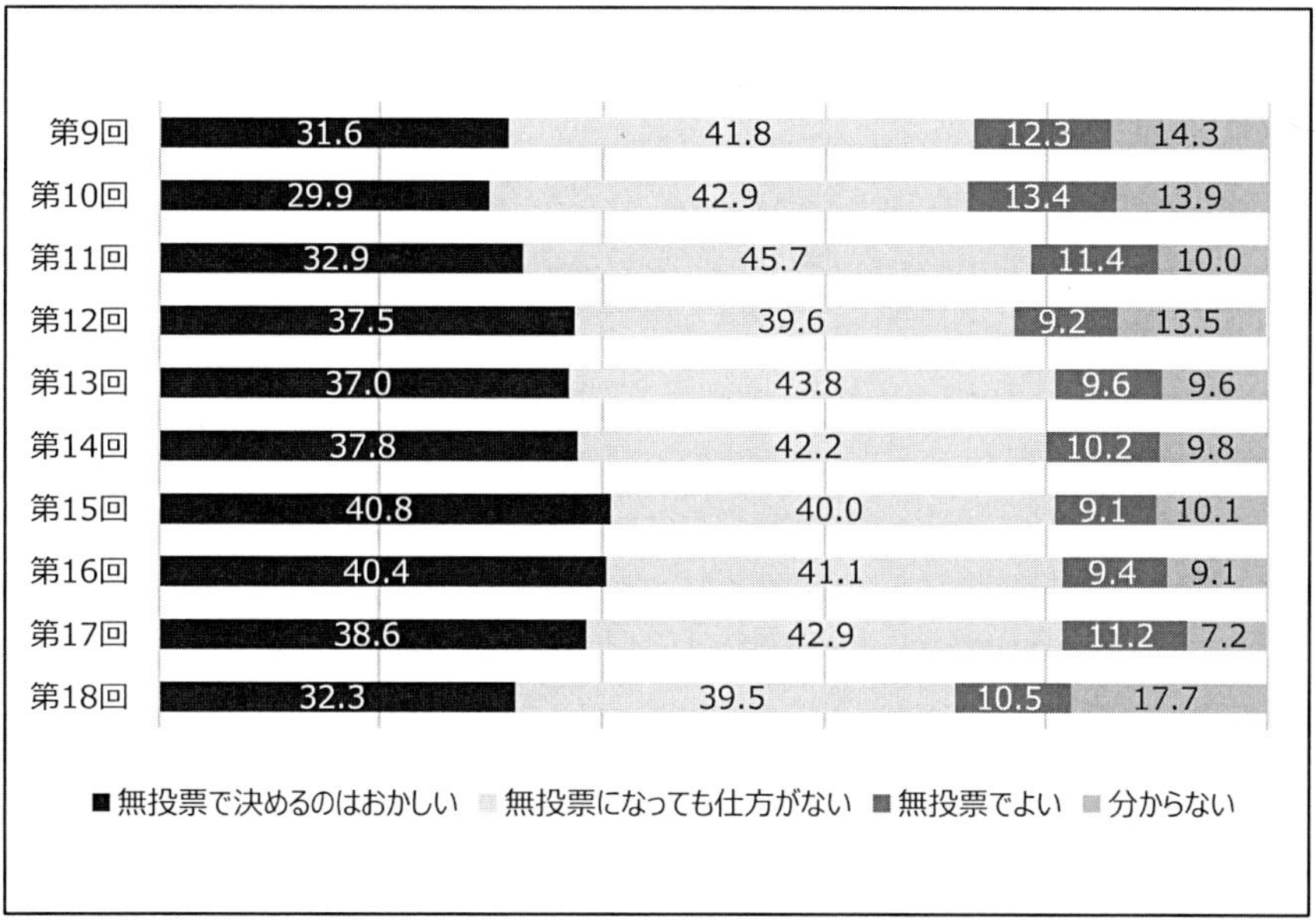

（出典）総務省「統一地方選挙全国意識調査－調査結果の概要－」

を超える有権者が投票を棄権している。

③ 統一地方選挙における無投票での当選率は、第18回の市長選で30％に達し、町村長選では40％を超えている。また、議会議員選挙においては、町村議会で無投票当選した議員数の総定数に占める割合が20％を上回っている。

本章のキーワード
総選挙の投票率は減少局面、参院選のそれは行先き不透明
地方選挙でも、歯止めがかからない投票率の低下
市町村の選挙では、無投票当選の増加が顕著

第２章　総選挙及び地方選挙における投票率減少の要因分析

前章では、国政選挙及び地方選挙について、投票率の推移をみてきた。まず、衆議院議員総選挙の投票率については、近年では過去最低を更新するなど、減少局面に入っている。参議院議員通常選挙については、投票率が乱高下するという特異な動きを示していたが、第18回以降の７回の選挙では50％台でほぼ横ばいで推移した。ただし、直近の第25回で50％を下回り、戦後２番目に低い投票率となった。

一方、地方選挙については、統一地方選挙における首長選挙及び議会議員選挙の投票率が長期的な減少を続けており、筆者の調査によれば、全都道府県の直近の知事選挙の投票率43％まで低下し、全国で５千５百万人を超える有権者が投票を棄権しているという、非常に憂慮すべき実態にあることが確認された。また、首長選挙では、道府県知事こそ第16回以降の統一選で無投票はないものの、市長選の無投票当選率は第18回で30％に達し、町村長選のそれは40％を超えている。また、議会議員選挙においては、町村議会で無投票当選した議員数の総定数に占める割合が20％を上回る状況となっていた。

本章では、減少傾向にある総選挙及び地方選挙について、有権者はどんな理由で選挙を棄権したのか、また、どのような棄権理由が増加しているのかを総務省の調査結果から見ていくことにより、投票率減少の要因分析を行う。

表2－1　全国意識調査（第42～48回）の棄権理由

選択肢	分類項目
用があった	①やむを得ない棄権
病気だった	
面倒だった（投票所が遠い）	②無関心による棄権
関心がなかった	
適当な政党・候補者がいなかった	③有効性への疑問からの棄権
私一人が投票しなくても同じ	
選挙で政治は良くならない	
政策や人物像の違いが不明確	④情報不足からの棄権
居住地に選挙権がない	
その他	

総選挙の投票率は、地方選挙よりは高いものの、近年は地方選挙と同様に減少傾向にある。そこで、投票率が減少傾向に転じた第42回（平成15年）～第48回（平成29年）総選挙について、総務省「衆議院議員総選挙全国意識調査」から、棄権理由を見ていく。

表2－1には、全国意識調査において棄権理由の選択肢として設定された項目を掲げるとともに、棄権理由の傾向を分析するため、「居住地に選挙権がない」と「その他」を除く8つの棄権理由を「①やむを得ない棄権」「②無関心による棄権」「③有効性への疑問からの棄権」及び「④情報不足からの棄権」の４つに分類[1]することが示されている。

４分類項目の回答状況の推移は、グラフ２－１に掲げたとおりである。まず「①やむを得ない棄権（用があった＋病気だった）」は、第45回までは棄権理由のトップだったが、66・１％をピークに以後は減少している。これは、①のうちでも「用があった」ために棄権した者が減少しているためであり、その背景には、次ページの表２－２に掲げているように、期日前投票の利用者が増加していることがあげられる。この期日前投票の利用状況からは、有権者の総選挙に対する強い投票意欲を感じ取ることができる。

1　この４分類は、総務省「第15回統一地方選挙の実態」における分類方法に従ったものである。

グラフ２－１　総選挙における棄権理由の推移

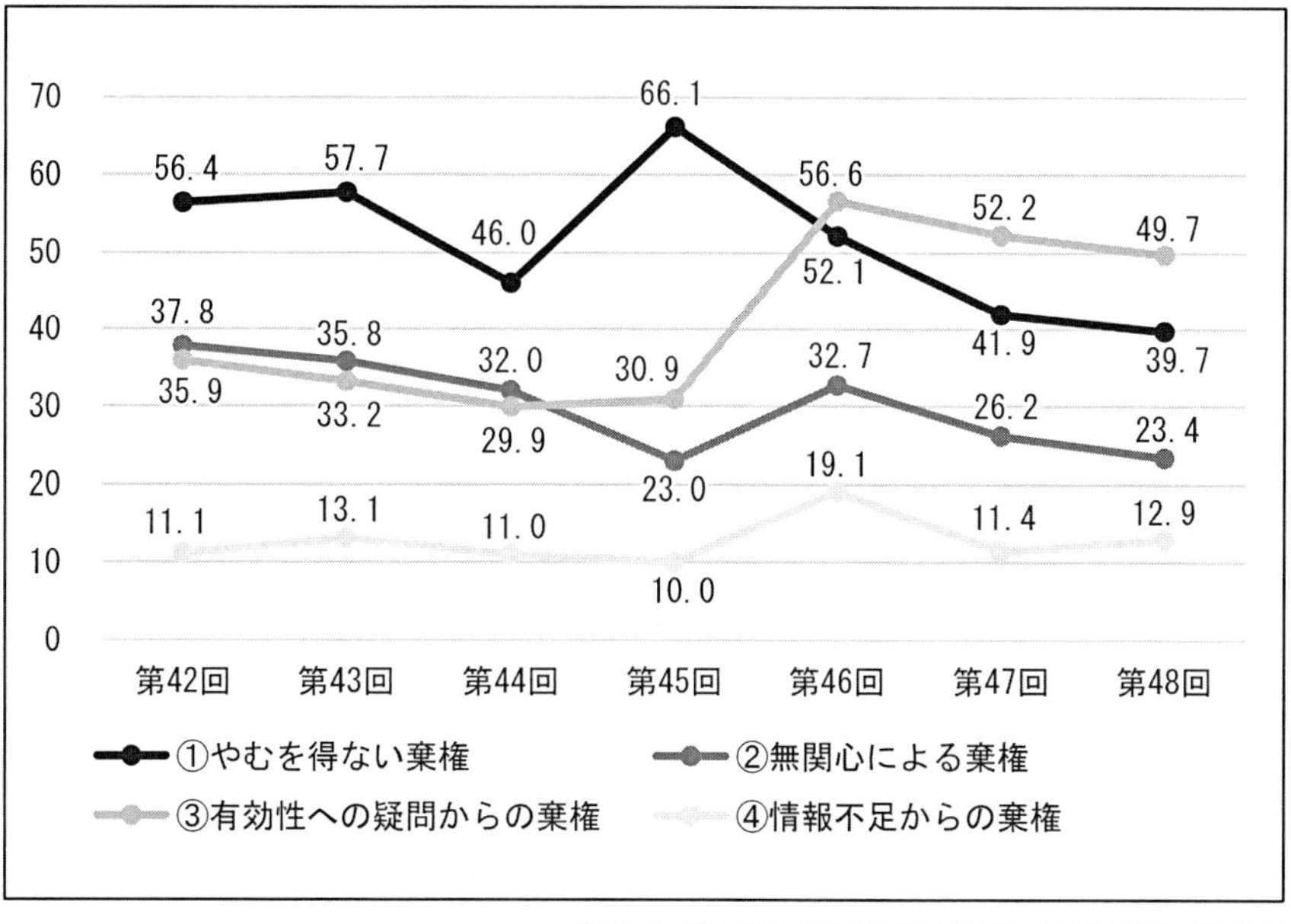

（出典）総務省「衆議院議員総選挙全国意識調査」

表２－２　期日前投票利用状況

	利用者数	利用率
第45回	13,984,968	19.42
第46回	12,038,237	19.52
第47回	13,152,985	24.03

※利用率％＝利用者数÷投票者数

（出典）総務省「衆議院議員総選挙全国意識調査」

次に、「②無関心による棄権（面倒だった＋関心がなかった）」は、第46回に増加したものの、第42回以降、概ね減少傾向にあると言える。平成26年の第47回総選挙は、任期をまだ2年残していたこと、既定路線であった消費税率引き上げの先送りを理由とする解散であったため、「解散の理由に納得がいかない」ということを棄権理由にあげた者が15・3％いたことなどから、投票率は戦最低の52・66％となり、後に続く第48回も同水準の53・68％に留まったが、無関心による棄権はともに前回比で減少している。

一方、「③有効性への疑問からの棄権（適当な政党・候補者なし＋私一人が投票しなくても同じ＋選挙で政治は良くならない）」は、第46回で大きく増加し、その後少し減少しているものの、第45回以前よりは高い水準を維持している。特に「適当な政党・候補者がいなかった」「選挙で政治は良くならない」という理由での棄権が増えている。「④情報不足からの棄権（政策や人物像の違いが不明確）」は、概ね横ばいで推移している。

以上のとおり、総選挙の場合、投票日に用事があっても期日前投票を利用することで棄権を回避する有権者が増え、無関心による棄権は減少する一方で、選挙に行きたくても投票したい政党や候補者がいない、あるいは、これまで選挙に参加してきたが自分の思うような政治にならないという失望感を抱いている有権者の増加が、近年の投票率の減少傾向の要因であることが確認された。

第2節　地方選挙における投票率減少の要因分析

次に本節では、総務省による「統一地方選挙全国意識調査－調査結果の概要－」から、第15回（平成15年）～第18回（平成27年）の統一選において、有権者が知事選挙及び道府県議会議員選挙を棄権した理由を見ていく。なお、直近の第19回統一選では、知事選の棄権理由の調査は実施されなかった。

表２－３には、全国意識調査において棄権理由の選択肢として設定された項目を掲げるとともに、棄権理由の傾向を分

表２－３　全国意識調査（第15～18回）の棄権理由

選択肢	分類項目
仕事・重用があった	①やむを得ない棄権
病気（体調不良）だった	
面倒だった	②無関心による棄権
関心がなかった	
適当な候補者がいなかった	③有効性への疑問からの棄権
私一人が投票しなくても同じ	
無風選挙だった	
選挙で政治は良くならない	
政策や候補者が分からなかった	④情報不足からの棄権

（出典）総務省「統一地方選挙全国意識調査－調査結果の概要－」

グラフ２－２　統一地方選挙の知事選における棄権理由の推移

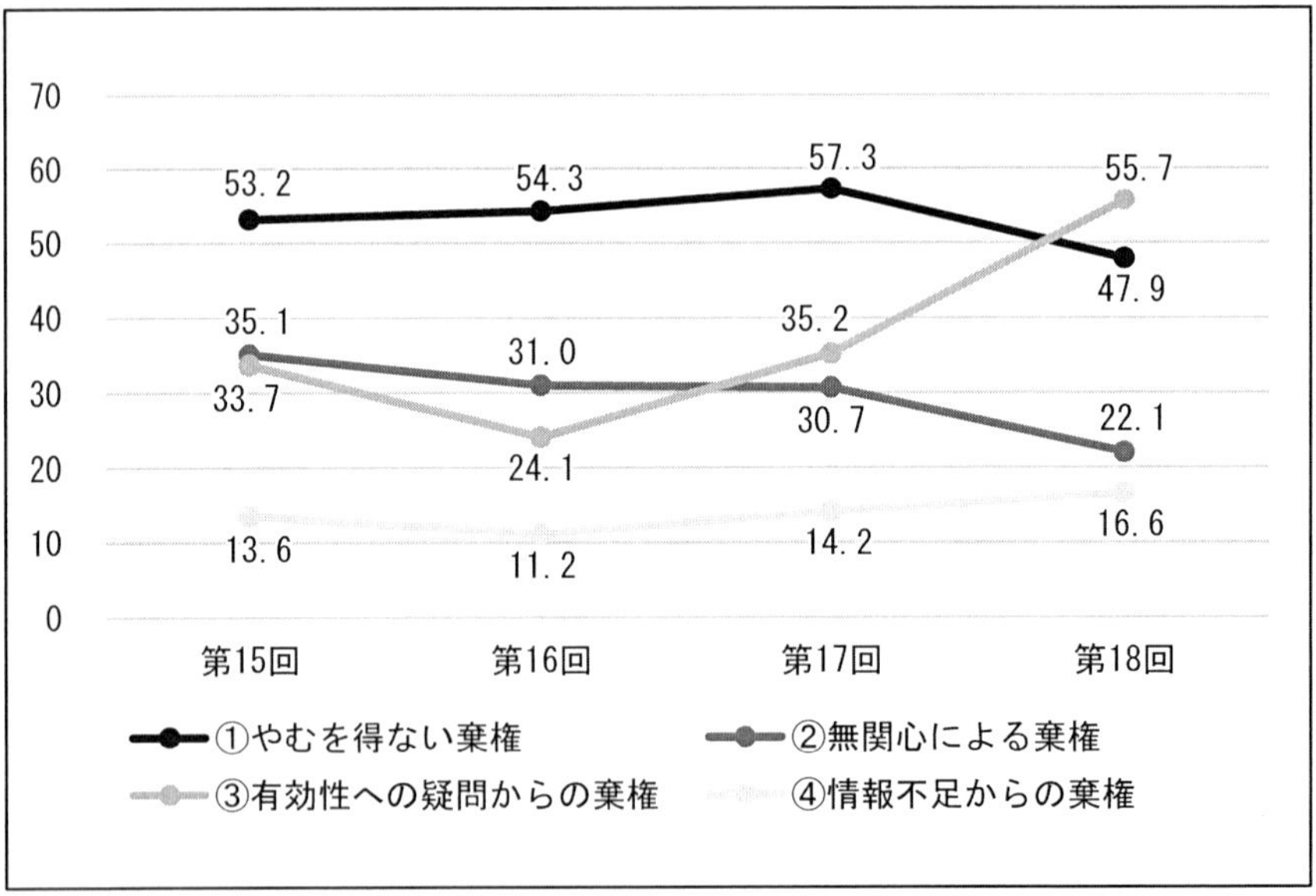

（出典）総務省「統一地方選挙全国意識調査－調査結果の概要－」

析するため、9つの選択肢を総選挙と同じ項目を用いて分類することを示している。

まず、知事選挙については、「①やむを得ない棄権」が50％を超えており、第18回では5割を少し下回ったものの約48％となっている。また、「③有効性への疑問からの棄権」は、強い増加傾向にあり、直近では55・7％で最も多くなった。一方、「②無関心による棄権」は減少しており、第18回で22％まで低下した。

この結果からすると、知事選挙の投票率低迷の主たる要因が、有権者の無関心ではないように考えられる。そこで、「①」の内訳をみると、「仕事・重用があった」が40・5％（4回の平均）、「病気（体調不良）だった」が12・7％（同）である。後者は、まさにやむを得ない理由に該当しそうだが、前者の場合は、投票日間近に発生した仕事や急用でなければ、期日前投票を利用することで棄権を回避できたはずである。

総務省の調査では、第16回及び第17回統一選の際に、知事選挙で期日前投票を利用しなかった理由を尋ねる質問が設定されていたため、この回答結果から「仕事・重用があった」という棄権者が、期日前投票制度も利用しなかった理由も確認する。

表２－４のとおり、「時間もなかった」が２回の平均で53・９％と最も多くなっており、次いで「面倒だった」の平均が17・３％である。期日前投票は、公示日または告示日の翌日から投票日の前日まで可能であり、知事選挙の告示は、投票日の17日前までに行われるので、期日前投票の期間は十分確保されている。つまり、「時間もな

表２－４　知事選挙で期日前投票をしなかった理由

	16回	17回	平均	
知らなかった	3.8	2.5		
不在または病気	1.9	3.8		
場所が分からない	–	1.3		
遠かった	–	2.5		
面倒だった	9.6	25.0	17.3	71.2
時間もなかった	57.7	50.0	53.9	
その他	26.9	12.5		
不明	0.0	2.5		

（出典）総務省「統一地方選挙全国意識調査－調査結果の概要－」

グラフ2－3　統一地方選挙の県議会議員における棄権理由の推移

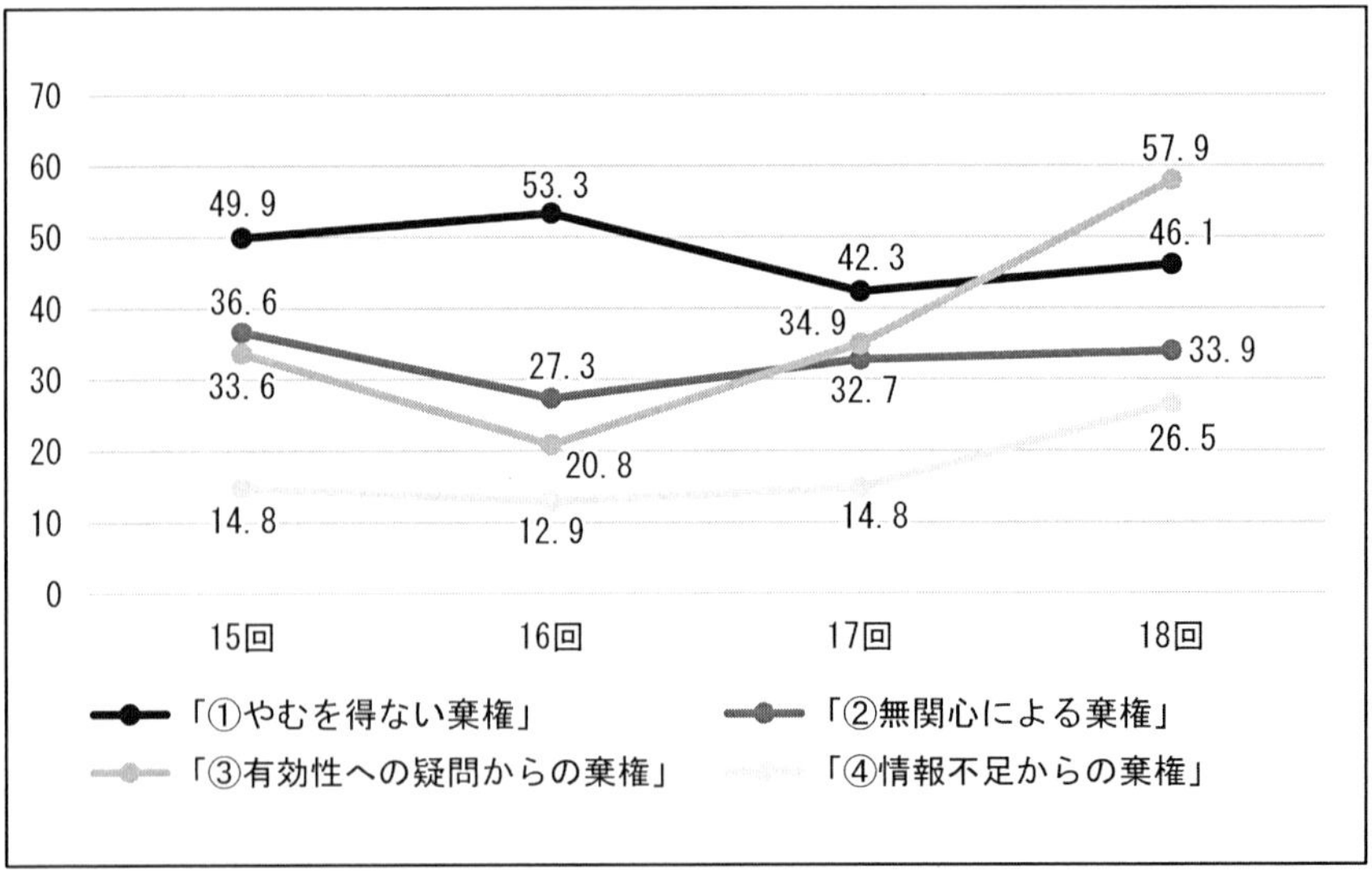

（出典）総務省「統一地方選挙全国意識調査－調査結果の概要－」

かった」と答えた有権者は、「面倒だった」の回答者とともに、「①やむを得ない棄権」ではなく「②無関心による棄権」に分類されるべきである。

このように考えてくると、「仕事・重用があった」という棄権者40・5％のうち、時間もなく面倒で期日前投票を利用しなかった者（71・2％）は「②」に移行することになる。この結果、「①」の実質的な割合は、約3割（40・5×71・2＝28・8％）少なくなり、その分だけ「②」の割合が増加するので、無関心で棄権した有権者は、概ね5～6割ということになる。

知事選挙の場合、大きな争点もなく、現職の候補者が国政の政権与党などから推薦を受けて優勢に選挙を戦うことが少なくないことから、棄権理由として「②」

や「③」が多くなるのは、多くの有権者にとって納得できる結果といえよう。

都道府県のもう一つの選挙である議会議員選挙の棄権理由についても、４つに分類の上、推移をみると（前ページのグラフ２－３）、知事選挙との比較において「④情報不足からの棄権」などに若干の違いがあるものの、総じて似通った傾向を示している。

先述の期日前投票を利用しなかった理由の質問は、議会議員選挙の棄権者に対しても行われているため（表２－５）、知事選挙と同様に、「②無関心による棄権」の割合の再計算を試みる。「仕事・重用があった」との理由で棄権した39・３％（４回の平均）のうち、時間もなく面倒で期日前投票をしなかった72・３％は、「②」に移行するので、「①」の実質的な割合は、約３割（39・３×72・３＝28・４％）減少し、「②」は約３割増えて６割ほどに上昇する。

表２－５　県議会議員選挙で期日前投票をしなかった理由

	16回	17回	平均	
知らなかった	2.9	4.3		
不在または病気	2.1	4.3		
場所が分からない	−	2.5		
遠かった	−	1.9		
面倒だった	16.4	24.7	20.6	72.3
時間もなかった	56.4	46.9	51.7	
その他	19.3	14.2		
不明	0.9	1.2		

（出典）総務省「統一地方選挙全国意識調査－調査結果の概要－」

以上のとおり、知事選挙及び都道府県議会議員選挙においては、「無関心による棄権」という理由が最も多いことが浮き彫りとなり、地方選挙の投票率減少の一番の要因が「無関心」であることが裏付けられた。

第3節　総選挙と地方選挙で投票率減少要因が異なることに関する考察

ここまで、衆議院議員総選挙と地方選挙は、投票率がともに減少傾向にあるにもかかわらず、前者については、無関心による棄権ではなく、失望感を抱いている有権者が増えていることがその主たる要因であり、後者については、無関心により棄権する有権者が最も多かったことを確認した。では、有権者は、なぜ総選挙に失望感を抱き、地方選挙に無関心になって選挙を棄権してしまうのであろうか。

まず総選挙については、第1章第1節でみたとおり、その投票率が第41回を境に異なる傾向を示しており、これ以降の投票率は、減少傾向にあると言える。特に、第46回及び47回のそれは戦後最低を2回続けて更新するなど、低調ぶりが顕著である。これらの間の政治状況をみると、第46回で自由民主党が民主党から政権を奪還し、第47回及び48回で、政権与党が3分の2を超える議席を獲得し、〝安倍1強〟と呼ばれる安倍政権が続いている。

選挙には強い安倍政権だが、本来は総選挙の争点としなければならないほど重要な政治課題であっても、争点化されることを回避し強引とも言える手法で政策決定を行うことがあった。例えば、集団的自衛権の行使を認める安全保障関連法案は、野党や多くの国民が反対する中、衆参の関係委員会で強行採決の末、平成27年９月に可決成立した。

これは、安倍政権の景気対策〝アベノミクス〟が最大の争点であった第47回総選挙（平成26年12月）の９か月後のことだった。表２－６に掲げているとおり、国民の知る権利の侵害との批判を受けた特定秘密保護法や国民の人権・自由を侵害するおそれが強いとされた改正組織犯罪処罰法の強行採決でも、同様のことを指摘することができる。

このように、政権が総選挙で争点となることを避けながら、選挙と選挙の間に重大な法案を成立させたり、選挙を通じて示された強い民意を無視したりすることが度重なり、一方で、政権に対抗できる強力な野党も存在しないとなると、「適当な政党・候補者がいない」「自分が思

表２－６　近年の国政選挙の主な争点と法案の強行採決

H24.12	第46回総選挙
H25.7	第23回参院選→アベノミクス、憲法改正
H25.12	特定秘密保護法成立
H26.12	第47回総選挙→アベノミクス、消費税増税延期
H27.9	安全保障関連法成立
H28.7	第24回参院選→消費税増税延期
H29.6	改正組織犯罪処罰法成立
H29.10	第48回総選挙→消費税増税後の使い道、北朝鮮対応

（注）各国政選挙の主な争点は、明るい選挙推進協会による総選挙及び参院選の全国意識調査から抜粋した。

うような政治にならない」と感じる有権者が増加するのは当然のことであり、いくら有権者の総選挙に対する関心や投票意欲が高くても、投票率の低下は当面回避できないであろう。

小林良彰は、国政選挙における投票率の低下が著しい原因が「現実の政治、つまり、それを司る政党や政治家」、「有権者の政治に対する願いをストレートに国政に反映させない政治制度」にあるのではないかと指摘した[2]上で、「現在の日本の政治状況においては、肝心の民主主義の原理が損なわれて」おり、「選挙の時と選挙の後で政治家の主張が変わってしまったとしたら、私達の投票は意味を持たないことになる。そうした事例を、私達はいやと言うほど、見せつけられている」と述べている[3]。

次に、有権者が地方選挙に無関心になる要因を分析するため、総務省の「統一地方選挙全国意識調査」（第15回～18回）において、有権者がどの選挙に関心を持っているかを調査した結果を見る（次ページのグラフ2－4）。

この調査結果について特徴を整理すると、①地方選挙の関心度は、いずれも減少傾向にあり、一方で首長選挙の方が議会議員選挙より高いこと、②衆議院総選挙は、他のどの選挙よりも有権者の関心は高く、増加基調にもあること、③参議院通常選挙は、総選挙と同じく国政選挙でありながら、有権者の関心度は総選挙の半分程度で、地方の首長選挙より低くなっていることである。

グラフ２－４　関心のある選挙

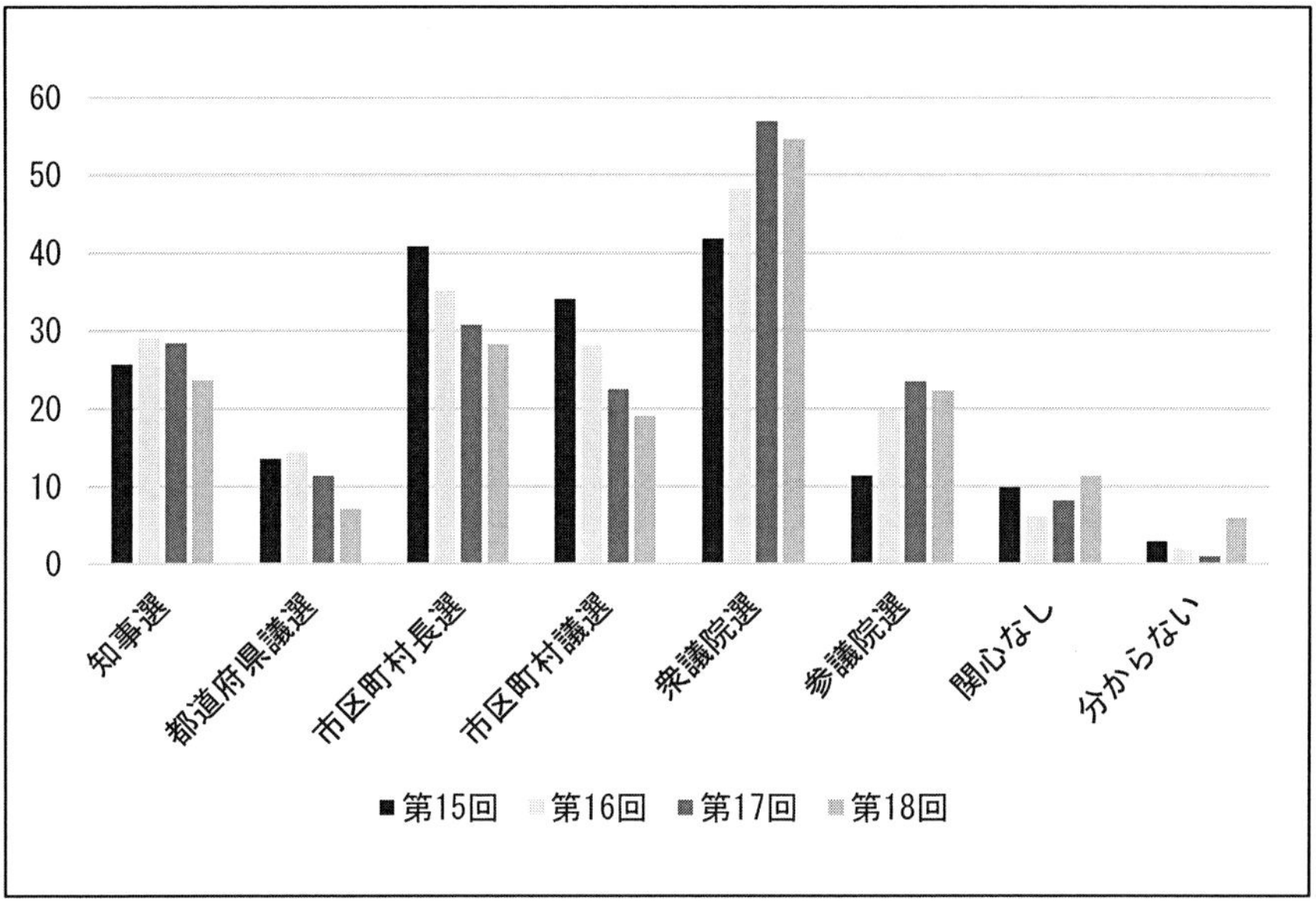

（出典）総務省「統一地方選挙全国意識調査－調査結果の概要－」

まず、１点目について、地方選挙の投票率は長期的な減少傾向に歯止めがかかっていないこと、知事選挙及び県議会議員選挙を棄権した理由で無関心が最も多くなっていること、無投票当選が増加していることから、関心度が減少していることは容易に納得できる調査結果である。また、筆者も含め多くの有権者が実感していることであろう。

また、我が国の地方自治制度には、首長と議会議員の双方を住民が直接選挙するという２元代表制が採用されて

2　小林良彦『選挙制度　民主主義再生のために』（１９９４年、丸善ライブラリー）ｐ．１５７

3　小林良彦『選挙制度　民主主義再生のために』（１９９４年、丸善ライブラリー）ｐ．１５８

いるが、行政サービスの提供や自治体の行財政運営などについて中心的な役割を担っているのは、予算調製権・条例制定権・事務執行権などの強い権限を持つ首長であることから、首長選挙に対する有権者の関心は議員選挙よりも自ずと高くなると言えよう。

2点目について、衆議院議員総選挙は、国権の最高機関であり唯一の立法機関である国会の議員を選出する選挙の一つであるので、地方選挙より関心度が高いのは当然の結果と言える。また、第15回（平成15年）から第17回（平成23年）の統一選の間には、郵政民営化の是非を問う総選挙（平成17年）や民主党への政権交代（平成21年）などの大きな出来事があり、より多くの有権者の関心を集めたものと考えられる。

一方、同じ国会議員選挙でありながら参議院選挙の関心度が地方選挙程度であるという3点目については、総選挙が大きな争点を巡って不定期に行われるのが多いのに対し、参議院選挙は、大きな争点の有無にかかわらず、地方選挙のように任期満了に伴って定期的に実施されることが、衆参選挙の関心度の違いに現れていると言える。さらに衆議院は、予算や条約批准の議決のほか、内閣総理大臣の指名の議決において参議院を優越[4]しており、総選挙は、あらゆる国民生活に直結する政権選択選挙であることが、参院選への関心を押し下げる大きな要因であろう。

これらの点から導き出すことができるのは、当然のことではあるが、有権者の関心は、より強い権力を持つ公職を選出する選挙に集まるということである。これは、総選挙と同じ国政選挙でありながら、政権選択選挙ではない参議院選挙に対しては、有権者は総選挙の半分以下の関心しか持っていないこと、地方選挙においても、議会議員選挙より首長選挙の方が有権者の関心が高いことからも裏付けられる。

このことを地方選挙に当てはめると、地方選挙に高い関心が集まらないということは、地方選挙が自分たちの生活に大きな影響を与えることはない、換言すれば、「地方自治体はそれほど強い権限を持っていない。」と思っている有権者が多いということができる。これが、有権者が地方選挙に無関心になってしまう理由の一つと考えることができる。

我が国では、平成12年度に地方分権推進一括法が施行され、初めての本格的な地方分権がスタートした。第１次地方分権改革では、国と地方を上下・主従の関係に置いてきた機関委任事務[5]が廃止され、国・都道府県・市町村の関係は対等・協力とされるとともに、国からの地方への権限移譲が行われた。また、平成19年度からの第２次分権改革では、国から地方だけでなく、都道府県から市町村への事務移譲も進められたほか、地方に対する規

4　予算の議決については日本国憲法第60条、条約批准の議決については同第61条、内閣総理大臣の指名の議決については同第67条に定められている。

5　地方自治体の首長を国の執行機関とし、法律等によって国から地方に委任されていた事務（戸籍、外国人登録、統計調査、生活保護など）。地方を国の出先機関と位置付けているとの批判を受けていた。

制緩和として、義務付け・枠付け[6]の廃止や条例への委任等が実施された。

このように地方分権改革が推進され、国と地方の上下関係は解消されるとともに、地方の事務処理権限は強化されてきたわけであるが、多数の有権者の目には、国と地方の関係や地方の権限は地方分権改革以前とほとんど変化していないように映っていると推測される。この点については、もう少し詳細な地方分権改革の経緯を振り返りながら、第４章で考察することとしたい。

本章のまとめ

【総選挙を棄権した理由】

① 総選挙の場合、投票日に用事があっても期日前投票を利用することで棄権を回避する有権者が増え、無関心による棄権は減少する一方で、選挙に行きたくても投票したい政党や候補者がいない、あるいは、これまで選挙に参加してきたが自分の思うような政治にならないという失望感を抱いている有権者が増えている。

② 多くの有権者が失望感を抱く背景には、安倍政権が総選挙で争点となることを避けながら、選挙と選挙の間に重大な法案を成立させたり、選挙を通じて示された強い民意を無視したりすることが度重なり、一方で、政権に対抗できる強力な野党も存在しないということがあるのではないかと考えられた。

【地方選挙を棄権した理由】

①　地方選挙では、「無関心による棄権」という理由が最も多いことが浮き彫りとなり、投票率減少の一番の要因が「無関心」であることが裏付けられた。

②　有権者の関心がより強い権力を持つ公職を選出する選挙に集まるということを逆説的に考えると、地方選挙に対して無関心の有権者が多いということは、多くの有権者は、地方自治体が住民生活に影響を与えるほど強い権限を持っていないと思っているということができた。

本章のキーワード
総選挙では、〝失望感を抱く有権者〟が増加
地方選挙では、〝無関心による棄権〟が一番の要因
「地方自治体は、あまり強い権限を持っていない」と思っている有権者が多数

6　地方分権改革推進委員会による「第２次勧告」（平成20年12月８日）では、「義務付け」は、一定の課題に対処すべく、地方自治体に一定種類の活動を義務付けること、「枠付け」は、地方自治体の活動について手続、判断基準等の枠付けを行うこととされている。

第3章　民主主義の出発点としての選挙に今求められる仕組み

前章では、減少傾向にある総選挙及び地方選挙について、有権者はどんな理由で選挙を棄権したのか、なぜそのような有権者が増加しているのかを総務省の調査結果から見ていくことにより、投票率減少の要因を分析してきた。

まず、総選挙の場合、投票日に用事があっても期日前投票を利用することで棄権を回避する有権者が増え、無関心による棄権は減少する一方で、選挙に行きたくても投票したい政党や候補者がいない、あるいは、選挙で政治は良くならないという失望感を抱いている有権者の増加が、近年の投票率の減少傾向の要因であることが確認された。

これは、安倍政権が選挙の争点となることを避けながら、選挙と選挙の間に重大な法案を成立させたり、選挙を通じて示された強い民意を無視したりすることが度重なり、一方で、政権に対抗できる強力な野党も存在しないため、「適当な政党・候補者がいない」「自分が思うような政治にならない」と感じる有権者が増加しているものと考えられた。

一方、地方選挙では、「無関心による棄権」という理由が最も多いことが浮き彫りとなり、投票率減少の一番の要因が「無関心」であることが裏付けられた。有権者の関心は通常、より強い権力を持つ公職選挙に集まるということを逆説的に考えると、地方選挙に対して無関心の有権者が多い原因は、多くの有権者が、「地方自治体は住民生活に影響を与えるほど強い権限を持っていない。」と思っていることだと推察された。

本章では、投票した者について、なぜ棄権することなく投票に行ったか、候補者個人と所属政党のどちらを重視したのか、また、投票の際にどのような政策課題を考慮したのかについて分析するとともに、現在の選挙制度における潜在化している課題、すなわち、有権者が投票したとしても表示することができない意思が残ってしまうことを明らかにする。

さらに、筆者による〝政策〟と〝民主主義的政策決定プロセス〟を定義した上で、前章でみたような有権者の投票意欲の低下を招いている安倍首相の政権運営の問題点について、改めて詳述するとともに、民主主義の出発点としての選挙に今どのような仕組みが求められているのか指摘する。

第１節　地方選挙及び総選挙における投票者の行動分析

１　地方選挙における投票者の行動

第15～19回統一地方選挙について実施された総務省の「統一地方選挙全国意識調査」結果から、地方選挙において投票した者の行動、すなわち、投票した理由、重視したもの及び投票に際し考慮した政策課題について分析する。

グラフ3－1　政治をよくするには投票は大事

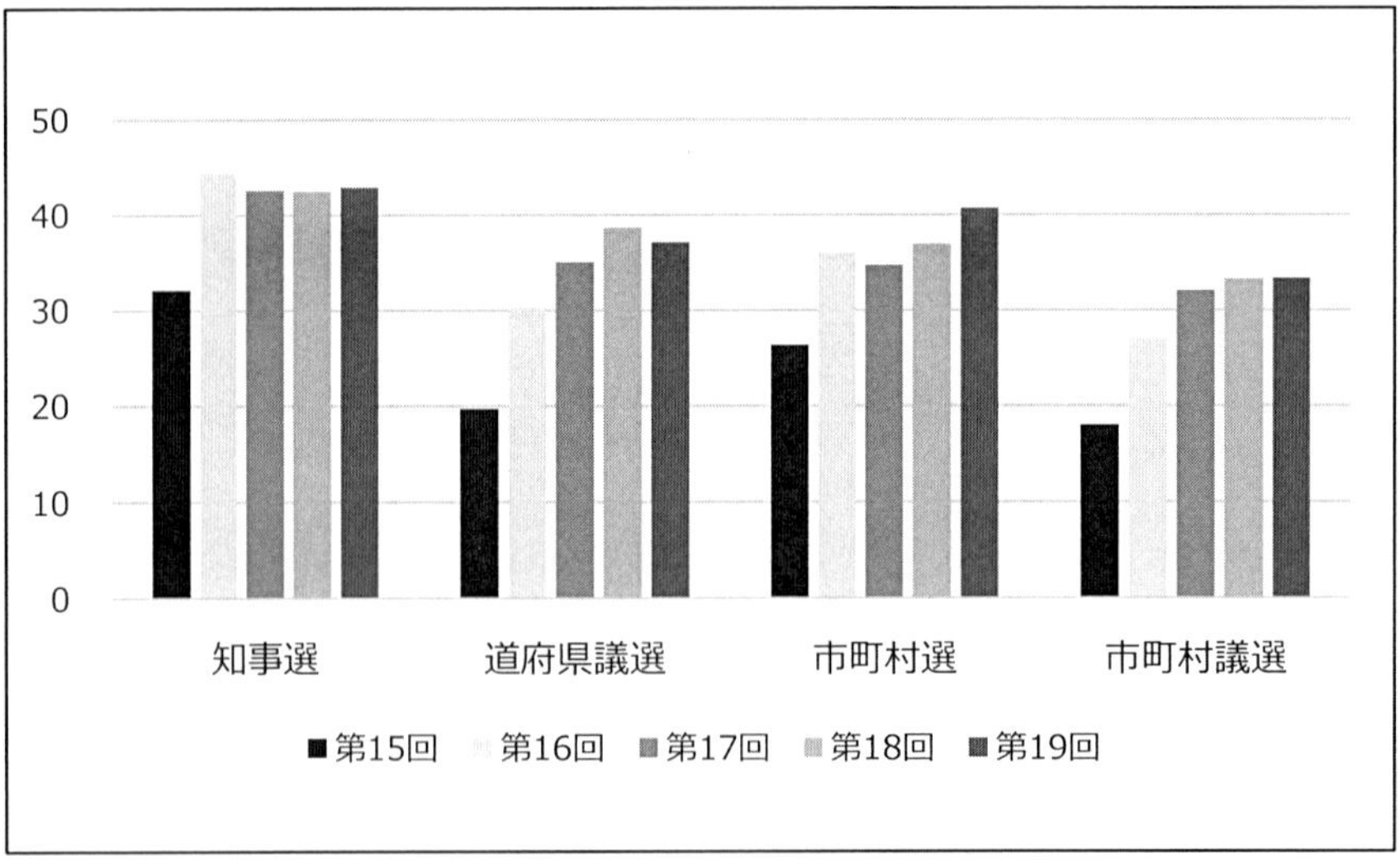

（出典）総務省「統一地方選挙全国意識調査－調査結果の概要－」

まず、投票した理由については、総務省の調査結果から、回答割合の高かった上位3項目を取り上げて見ていくこととする。なお、この3項目以外の選択肢は、「知り合い等に頼まれて」「その他」「分からない」であった。

まず、1位の「政治をよくするには投票が大事」（グラフ3－1）は、いずれの選挙においても概ね増加傾向にあり、特に知事選では4割を超えている。道府県と市町村の比較では、首長選挙、議会議員選挙とも前者の方が少し高くなっており、後述する3位の「当選させたい候補者がいた」とは対照的である。

次に、2位の「投票は住民の義務」（グラフは省略）は、総じて3割前後で推移し、どの選挙も同程度の割合となっている。3番目の「当選させたい候補者がいた」（グラフ3－2）[1]は、時系列的な変動は大きくないが、都道府県での選挙よりも市町村での選挙の方が高い傾向を示している。市町村の選挙の方が選挙区の面積が狭くなるため候補者との距離が近く、候補者の人柄などもよく知っている場合が多いことなどから、意中の候補者に投票しようとする有権者の割合も自ずと高くなるのであろう。

これら3項目のうち、「当選させたい候補者がいた」という理由による投票者は、毎回こうした候補者いるとは限らないので、いない場合は棄権する可能性を否定できないが、他の理由による投票者は、選挙を通じた政治参加の重要性や必要性を認識しているので、候補者の如何にかかわらず、今後も投票を続ける可能性は高いと言うことができる。

1 第17回統一選までは、「当選させたい候補者がいた」のほかに「支持政党の推す候補者を当選させたい」という選択肢もあったが、グラフ3－2では、「当選させたい候補者がいた」に含めて表示している。

グラフ3－2　当選させたい候補者がいた

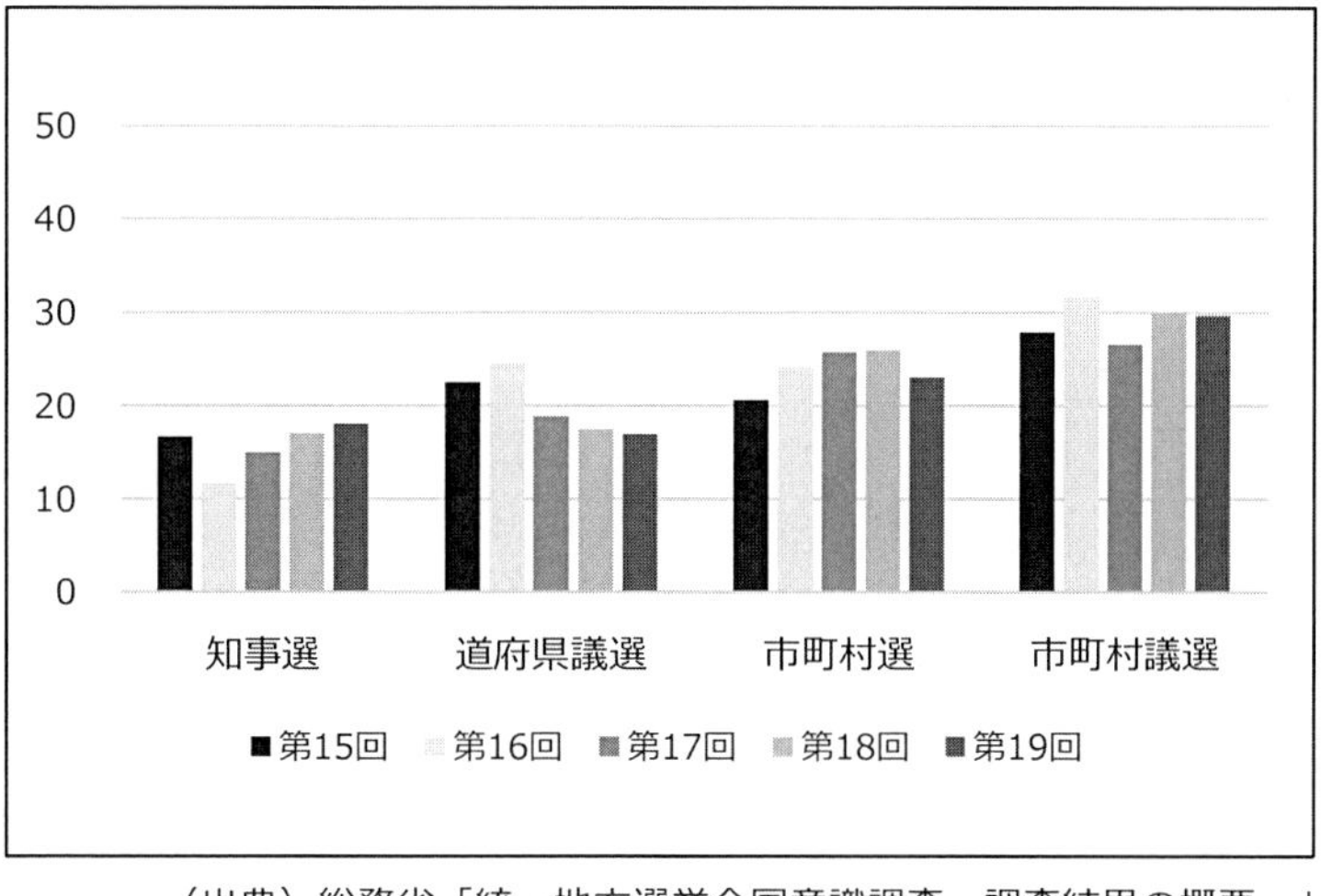

（出典）総務省「統一地方選挙全国意識調査－調査結果の概要－」

このような意識の高い有権者は、どの地方選挙でも投票者全体の概ね6～7割を占めているが、そもそも投票率が4～5割程しかないので、有権者全体では約3割を占めるに過ぎない。すなわち、「当選させたい候補者がいた」という理由の投票者が棄権するようになると、投票率は一層減少し、3割程度まで下がる恐れがあるということである。意識の高い有権者が地方選挙の現在の投票率を下支えしてくれている間に、「当選させたい候補者がいた」という投票者に別のモチベーションを与えるとともに、「選挙では政治は良くならない」などの理由で棄権している有権者が、再度、投票意欲を取り戻すような選挙制度改革をしなければ、投票率の減少に歯止めをかけることは困難であろう。

続いて、政党と候補者個人のどちらを重視して投票したかの調査結果をみていく。これについては、同じ首長選挙である知事選と市町村長選、同じ議員選挙である道府県議選と市町村議会選は、それぞれ類似の傾向を示しているので、ここでは、知事選と道府県議選についてのみ調査結果を取り上げる。

まず、知事選については（次ページのグラフ3－3）、政党色が前面に出ることが少ないことから、政党より候補者個人が重視されることが多いと考えられるが、第15～19回統一選の動向をみると、圧倒的だった個人重視が大きく減少し、政党重視及び「一概に言えない」が2倍以上に増加している。既に述べたように、市町村長選でも個人重視が75．6％↓48・2％、政党重視が9・0％↓25・1％と変化し、知事選と非常によく似た状況にある。

一方、所属政党を明らかにして戦われる道府県議選については、知事選よりも政党重視の傾向にあると予想される。しかし、国政選挙と異なり、一つの選挙区の定数がかなり多くなる場合があり、そうした場合には、同一の政党から相当数の立候補があるため、支持政党を持っていても候補者個人も重視する有権者は少なくないと考えられる。調査結果をみると（次ページのグラフ３－４）、回を追うごとに個人重視が減少して政党重視が増加し、ついに第18回で順位が逆転した。市町村議会選では、道府県議選ほど顕著な傾向は見られないが、個人重視が75・２％↓49・０％まで減少する一方で、政党重視は14・２％↓28・８％に増加している。

首長と議会の関係が円滑で、議会内でも政党間の激しい対立があまりない地方自治体の選挙において、こうした政党重視の傾

グラフ３－３　政党重視か、候補者個人重視か（知事選）

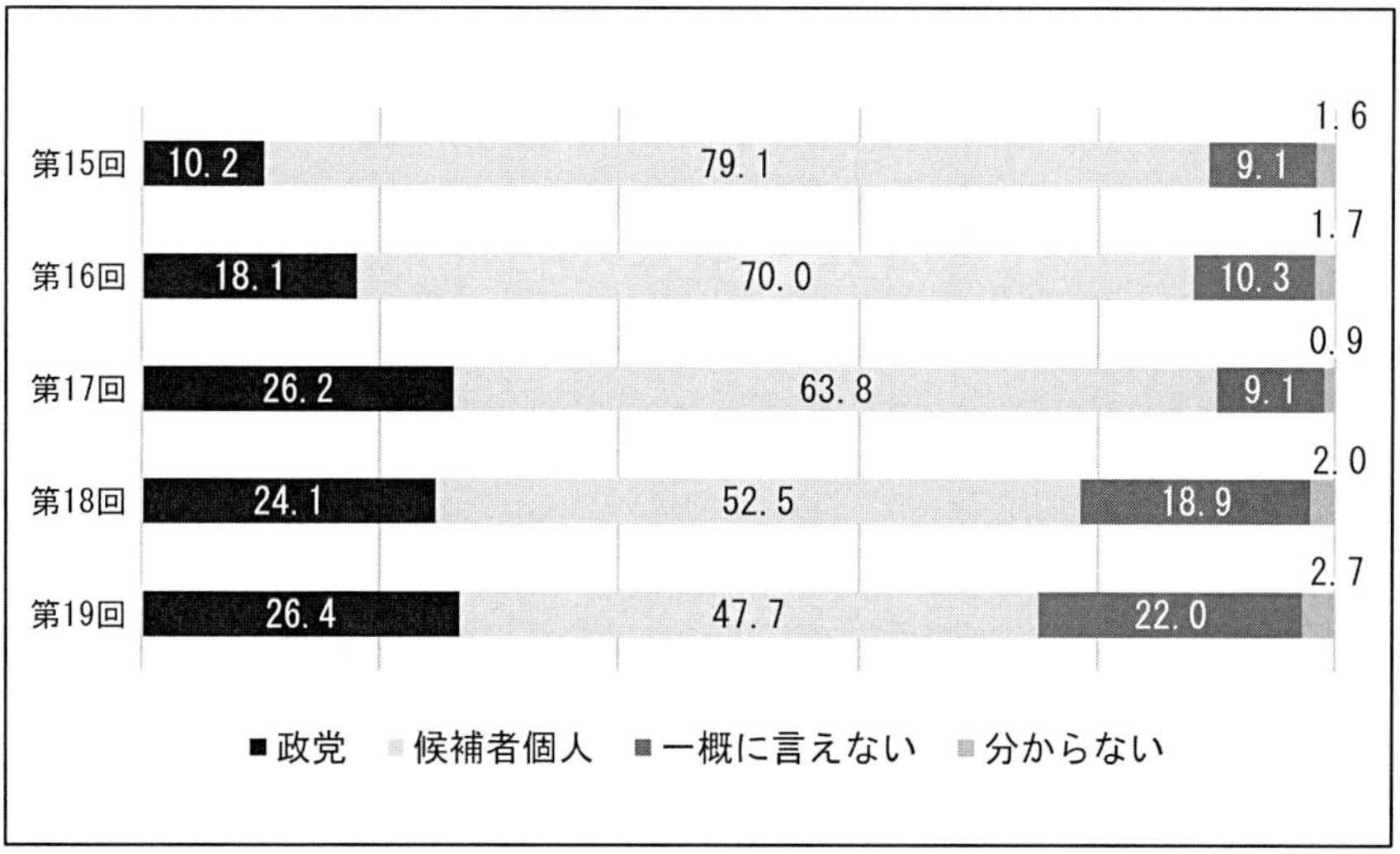

（出典）総務省「統一地方選挙全国意識調査－調査結果の概要－」

グラフ３－４　政党重視か、候補者個人重視か（道府県議選）

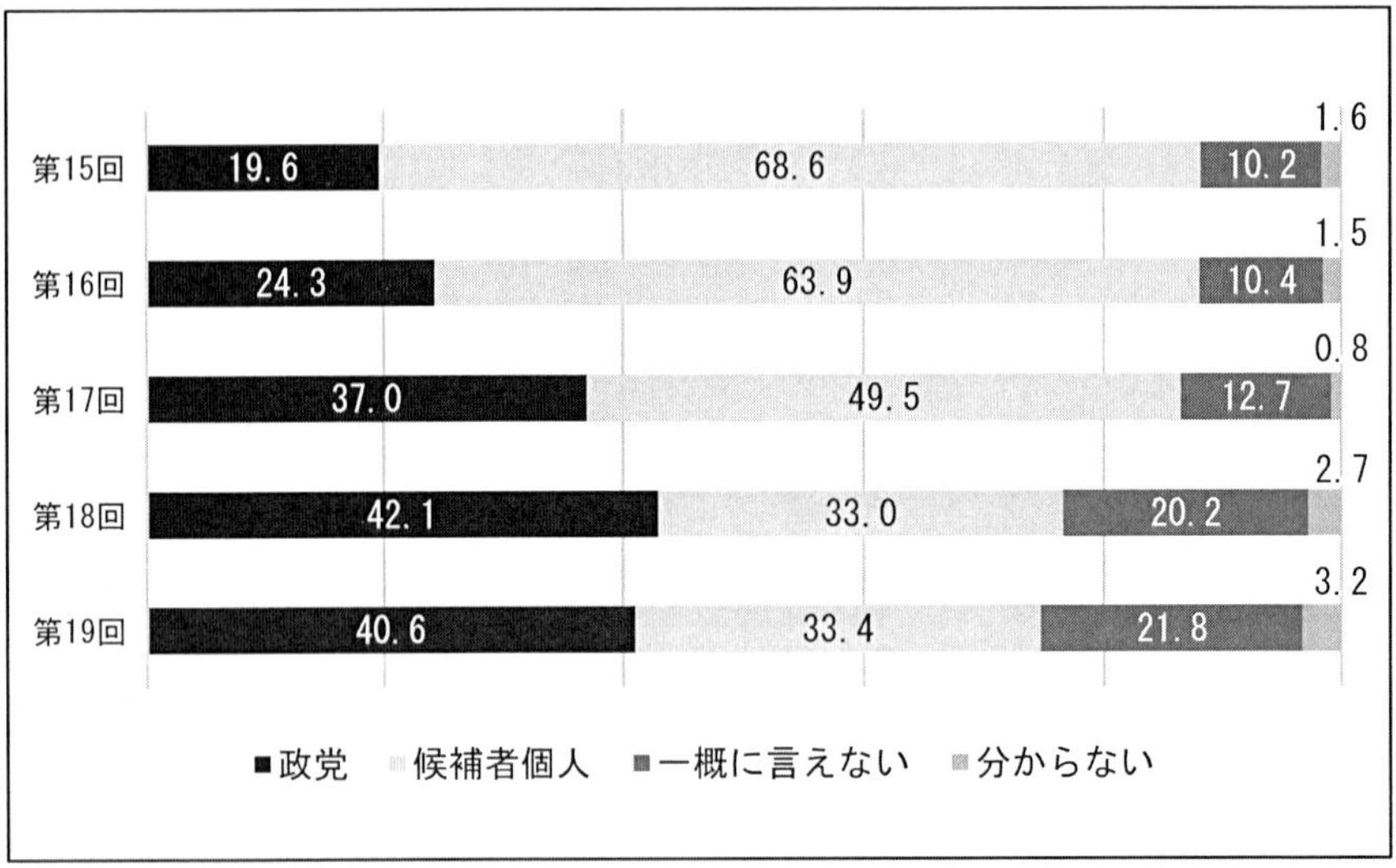

（出典）総務省「統一地方選挙全国意識調査－調査結果の概要－」

向が強くなっていることは、何を意味するのであろうか。地方選挙では、投票者のうち、概ね6～7割が選挙の重要性を理解している、または住民の義務だと思っている有権者であり、当選させたい候補者がいたという割合は3割程度であったことは、既に述べたとおりである。後者に該当する有権者は当然、候補者個人を重視する一方、前者の有権者は、候補者の人柄なども考慮した上で、自分の支持政党によって公認や推薦を受けているかどうかを重視する傾向が強くなると考えられる。

意中の候補者がいない有権者が、自分の支持政党の候補者に投票することは、合理的で自然な行動であり、こうした行動の背景には、自分の支持政党が推進する政策に従って、候補者が地方行政運営あるいは議員活動をしてくれるとの期待があると推察される。そうであるならば、政党重視の増加傾向が強くなっていることは、自分の支持政党の候補者を当選させることにより、自分の望ましいと考える政策の実現を求める有権者、換言すると、政策重視の有権者が増加していると解釈できよう。

次に、統一地方選挙で、どのような政策課題を考慮したかの回答状況（複数回答可）を見ていく。まず、知事選挙及び道府県議員選挙について（次ページの表3－1）、上位の政策課題は、「医療・介護」や「高齢化対策」といった高齢化の進展に伴う課題のほか、「景気・雇用」という経済政策などである。高齢化とともに喫緊の課題である「少子化対策」について考慮する有権者が増加しているほか、東日本大震災やそれに伴う原発事故、度重なる台風災害の発生、地球温暖化などを受け、「災害対策」や「原発・エネルギー」、「環境対策」にも有権者の関心が集まっている。

地方自治に関する政策課題に目を転じると、「地方自治のあり方」「地方行財政改革」が1割～2割弱、「地方議会改革」が1割程度となっている。第18回から項目に追加された「地方創生」も10～15％程度で推移している。また、「中小企業対策」や「農林水産業の振興」といった地方経済に関する課題についても、数％から約1割の有権者が投票に際し考慮したと回答している。

表３－１　投票に際し考慮した政策課題

	知事選挙			道府県議選		
	17回	18回	19回	17回	18回	19回
医療・介護	39.4	52.9	50.6	41.0	55.1	53.5
教育	22.3	24.5	31.5	17.4	24.3	28.8
景気・雇用	38.7	45.3	43.4	38.1	43.6	39.8
少子化対策	11.8	20.8	24.1	11.4	19.2	26.8
高齢化対策	34.9	51.0	45.0	30.5	47.6	45.6
災害対策	17.8	20.6	23.7	13.8	19.0	20.1
治安対策	7.3	9.3	9.7	4.6	8.4	7.8
地方議会改革	6.2	9.1	12.0	7.9	9.1	8.2
地方自治のあり方	11.2	15.2	19.7	10.5	11.2	14.2
地方行財政改革	9.8	14.8	15.6	10.6	11.9	12.2
中小企業対策	7.3	11.1	9.3	7.3	8.1	7.1
農林水産業の振興	4.1	8.9	5.6	5.1	7.8	5.7
社会資本整備	4.8	3.0	4.4	2.9	2.9	2.6
環境対策	17.3	13.4	12.5	11.4	11.9	13.1
原発・エネルギー	7.7	16.9	11.0	5.2	14.9	12.3
地方創生	※	14.7	15.6	※	13.0	10.1
国政の動向	13.0	6.5	9.7	10.9	10.5	11.3

「※」は、調査していない項目　第18回から除外された項目は省略

（出典）総務省「統一地方選挙全国意識調査」

一方、第15回及び第16回統一選から市町村の選挙についてみると（次ページの表３－２）[2]、「医療・介護」や「高齢化」、「教育」「税金」などが上位に位置している。また、「年金」や「少子化」についても有権者の関心が高いなど、調査時点は異なるものの、知事選挙・道府県議選挙と同様の傾向を示している。しかし、「地方自治のあり方」や「地域振興」が上位に食い込むなど、より身近な自治体の選挙としての特徴も見て取ることができる。

このように、地方選挙ではあるが、有権者は、国政レベルのものも含め幅広い政策課題を考慮し、それらに関する候補者の公約をみて投票しているのである。この質問の回答に設定された選択肢以外の政策課題について考慮した有権者も、多くいるであろう。

２　総選挙における投票者の行動

総選挙では、毎回、「衆議院議員総選挙全国意識調査」が実施されているが、統一地方選挙のように、投票した理由を尋ねる質問は設定されていないため、代わりに「小選挙区で候補者を選ぶ時、どういう点を考えて投票する人を決めたか。」という質問について、直近

[2] 第17回及び第18回統一選に関する総務省の全国意識調査では、考慮した政策課題に関する質問は、知事選挙及び道府県議会議員選挙についてのみ実施されていた。

表３－２　投票に際し考慮した政策課題

	市町村長選		市町村議選	
	第15回	第16回	第15回	第16回
医療・介護	① 41.6	① 49.5	① 41.1	① 48.8
環境	15.5	23.8	14.1	22.3
教育	⑤ 19.0	③ 30.1	④ 20.2	③ 26.6
景気・雇用	② 25.9	26.7	② 24.9	20.8
高齢化	※	④ 28.6	※	② 29.7
国政の動向	※	5.3	※	5.0
災害対策	8.0	9.2	7.0	8.4
社会資本整備	※	3.4	※	3.4
少子化	※	13.6	※	13.9
食糧	※	6.8	※	3.2
税金	④ 22.2	② 33.0	18.7	⑤ 26.2
治安	※	13.6	※	9.4
地域振興	18.6	19.9	③ 20.4	21.6
地方議会の改革	※	10.2	※	8.7
地方自治のあり方	③ 22.9	18.0	⑤ 19.2	15.2
地方行政改革	※	15.1	※	11.1
地方の財政再建	13.3	16.0	8.6	10.6
中小企業対策	10.2	7.8	7.1	6.2
年金	※	⑤ 27.7	※	③ 26.6
農林水産業振興	2.7	6.3	4.2	3.5
土地・住宅・交通	11.2	※	9.3	※
公共施設	11.0	※	7.2	※

「※」は、調査していない項目　（出典）総務省「統一地方選挙全国意識調査」

グラフ3−5　候補者（小選挙区）の選択に際し考慮した点

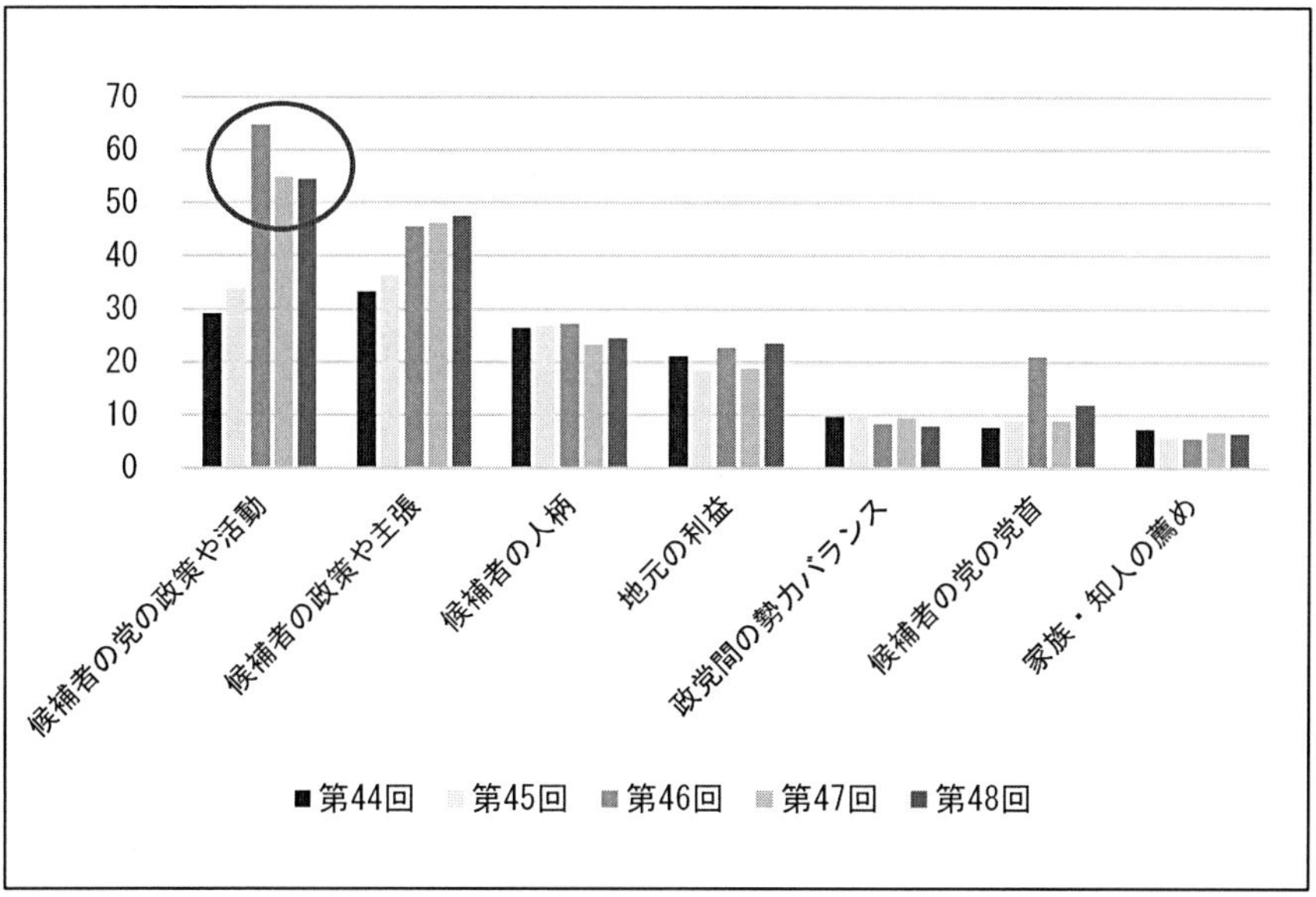

（出典）総務省「衆議院議員総選挙全国意識調査」

5回の総選挙における調査結果をみる（グラフ3−5）。第44回、45回では、「候補者の党の政策や活動」と「候補者の政策や活動」が拮抗していたが、第46回以降は、前者が大きく増加して50％を超え1位となり、後者も増加しているものの40％後半にとどまっている。3位は20％台半ばの「候補者の人柄」、4位は約20％の「地元の利益」が続いている。

この調査結果から注目すべき点は、小選挙区は候補者個人を選ぶ選挙であるが、投票の際には、候補者の属する政党の政策や活動・主張を考慮する有権者が増加しており、「候補者個人の政策や活動」の割合よりも多いこと、「候補者の人柄」の割合は、相対的に低下していることである。つまり、有権者は、個人選択の選挙であっても、個人やその人柄よりも政策や活動をより重視する傾向が強くなっている。

このことは、同じ意識調査での「小選挙区選挙で、政党の方を重く見て投票したか、候補者個人を重く見て投票したか」という質問の結果にも現れている。これについて、小選挙区比例代表並立制の導入以前も含め、第32回総選挙（昭和44年）以降の調査結果をグラフ3－6に掲げている。

「政党」と答えた有権者の割合は、「候補者」と答えた有権者の割合を少し上回りながら概ね40％台後半で推移していたが、小選挙区比例代表並立制が導入された後の第41回（平成8年）以降大きく増加し、第45回には6割を超え、「候補者」の割合

グラフ3－6　総選挙（中選挙区・小選挙区）で重視する点（政党か候補者か）

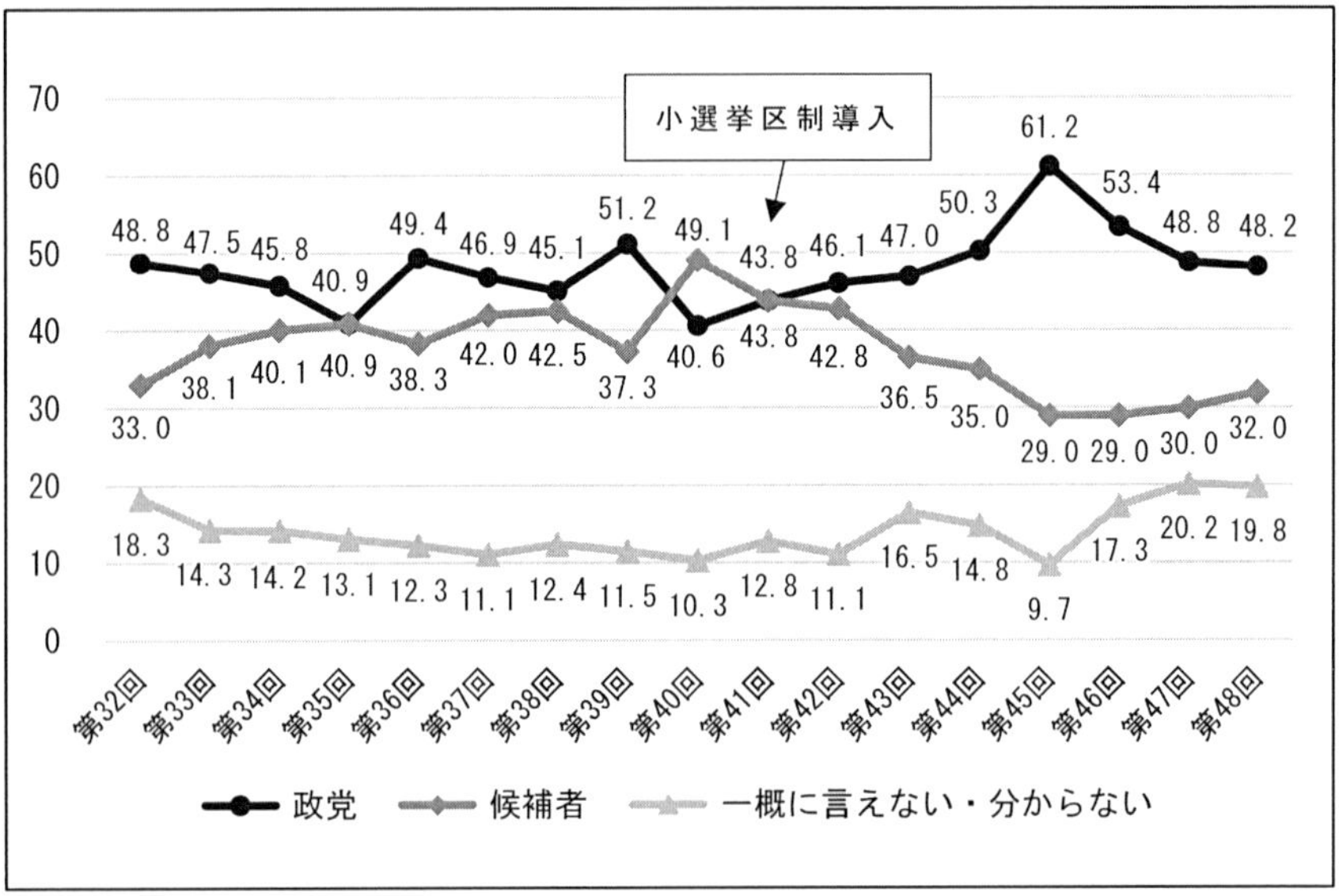

（出典）総務省「衆議院議員総選挙全国意識調査」

との差が拡大した。最近の２回の総選挙では減少しているが、依然として「候補者」の割合を約２割程度上回っている。

小選挙区比例代表並立制の導入を境に、なぜこのような傾向がみられるようになったのか。第40回以前の総選挙は、一つの選挙区で一人以上が当選する中選挙区制の下で実施されていた。この中選挙区制では、複数の当選者の獲得を目指し、一つの政党が一選挙区に複数の候補者を立てることが珍しくなかった。有権者は、支持する政党があっても、その政党から二人以上の者が立候補すれば、投票先を決定するために候補者個人の政策や活動、人柄なども考慮する必要があった。

これに対し、一選挙区で一人しか当選しない小選挙区制の下では、通常、政党は一選挙区に一人しか候補者を出さないため、有権者は、支持する政党が決まれば、必ずしも候補者個人に注目することなく投票先を決定することができる。選挙制度の変更がこのような変化をもたらしたことが、政党重視の傾向を強めたと考えられる。

政治は、選挙で選ばれた人間が動かしていくものである以上、有権者が候補者の思想や人柄を全く考慮しないということは考えられないが、政権を担う政党が多数決で政策を決定し実行していくのであるから、有権者は候補者より政党、つまり政党の掲げる政策をより重視して投票先を決定するのが自然であり、グラフ３－５及び３－６の２つの調査結果から、実際にそうした行動をとる有権者の方が多いことが確認されたと言える。

次に、統一地方選挙と同様に、投票者がどのような政策課題を考慮したかについて、第44〜47回総選挙での回答状況（複数回答可）をみる（次ページの表3－3）。国民生活に直結する「景気対策」や「税金（消費税）」、高齢化社会を反映した「年金」、「医療・介護」に関する政策課題が毎回上位を占めている。少子化の進展などを背景にした「子育て・教育」も、選択肢に設定された第46回以降、順位を上げている。

中位に位置する政策課題には、「財政再建」や「行政改革」などの国政運営に関するものや「外交・防衛」「ＴＰＰへの参加」といった国際的な政策課題が並んでいる。また、率は高くないが、地方行政に関する「地方分権」や「地域振興」、地域経済を支える産業に関する「中小企業対策」「農林漁業対策」などの政策課題も、有権者の関心が寄せられている。

また、より注目すべきは〝郵政解散〟と呼ばれた第44回であり、争点となった「郵政民営化」は46・3％の3位にとどまり、1位の「年金」より12％も少ないことからも分かるように、有権者は、衆議院解散の理由にもなった大きな争点だけでなく、非常に多岐に渡る政策課題を考慮した上で投票を行っているのである。

表３－３　投票に際し考慮した政策課題

第44回		第45回		第46回		第47回	
年金	58.6	景気雇用	64.3	景気対策	62.0	景気対策	55.9
福祉医療	46.4	年金	64.1	年金	43.2	年金	48.6
郵政民営化	46.3	医療介護	59.8	医療介護	41.3	医療介護	48.4
税金	35.2	税金	36.5	消費増税	38.8	消費税	38.0
景気雇用	32.8	少子化	32.4	震災復興	35.6	子育て教育	29.0
教育	16.6	教育	31.3	原発・エネ	32.3	雇用対策	24.1
財政再建	16.2	環境	25.4	雇用対策	29.7	原発・エネ	23.6
行政改革	11.8	財政再建	25.3	外交防衛	27.4	財政再建	18.8
政権あり方	11.4	所得格差	25.1	子育て教育	26.7	外交防衛	17.4
構造改革	9.5	物価	24.4	TPP参加	17.4	震災復興	16.6
環境	8.7	政権あり方	23.5	行政改革	13.6	憲法改正	13.7
政治改革	8.2	行政改革	19.1	防災対策	13.3	地域振興	12.3
憲法	8.2	政治資金	16.5	憲法改正	11.1	防災対策	11.1
防衛	8.2	災害対策	15.8	治安対策	7.1	治安対策	7.8
外交	8.2	中小企業	15.8	選挙・資金	6.7	TPP参加	7.0
中小企業	5.4	地方分権	14.1	地方分権	6.1	分からない	5.3
なし	4.6	防衛	12.6	分からない	4.1	選挙制度	5.1
農林漁業	4.6	外交	12.2	社会資本	2.9	規制緩和	4.0
地方分権	4.1	治安対策	11.0	その他	1.0	社会資本	3.0
土地・住宅	2.7	農林漁業	9.6			その他	0.7
		憲法	7.8				
		土地・住宅	6.4				
		その他	1.2				

（出典）総務省「衆議院議員総選挙全国意識調査」

第2節　投票しても表示することができない有権者の意思

前節でみたように、投票した有権者の多くが、多岐にわたる政策課題について考慮して投票しており、地方選挙であっても、有権者の意識は国政レベルの課題にも及んでいる。例えば、〝郵政選挙〟と呼ばれた第44回総選挙では、郵政民営化に賛成する意思を表示するため自民党ないしは自民党の候補者に投票した有権者が多かったが、こうした有権者でも、この争点以外の政策課題についても幅広く考慮していた。しかし、どれだけ多くの政策課題を考慮しても、「郵政民営化」に対し賛成の意思表示をしようとすれば、これ以外の政策課題の公約についての賛否にかかわらず自民党に投票するしかなく、反対の有権者も、同様の理由で自民党以外を選択するほかなかった。

また、国民的議論になるような大きな争点のない選挙であっても、有権者が投票できるのは一つの政党もしくは一人の候補者であるから、関心のある政策課題の中から自分にとって優先順位の高いものに絞り込み、その公約に賛同できるかどうかで投票先を決定しているはずである。逆に言えば、投票先に選んだ政党もしくは候補者であっても、優先順位が相対的に低かった政策課題に関する公約の中に賛同できないものがあった可能性がある、ということになる。むしろ、政党や候補者の公約全てに賛同して投票するというケースは稀であろう。

ただ、日本選挙学会年報では、「自分の争点態度に最も近い態度をとっていると主観的に思う政党を明らかにさせ」、その上で「この政党と衆院選において投票した政党の一致率」をみた結果、「円高対策、行政改革、貿易摩擦、防衛政策のいずれにおいても、自分の争点態度に最も近い政策を持つ政党に投票している割合はさほど高くないことが明らかになった」と指摘されている[3]。

この日本選挙学会による調査結果からすると、有権者は自分の最も優先度の高い政策課題に賛同できるかどうかで投票先を決定しているはずと述べた筆者の見解は、的を射ていないこととなる。ただ、投票先決定の理由を問わず、候補者または政党の全ての公約に賛同して票を投じるケースは稀だと考えられることに、異論をはさむ余地はあまりないであろう。

重要なことは、次ページの図にあるとおり、有権者は、投票した候補者の公約の中に賛同できないものがあること、すなわち「自分が最も重視する公約１に賛同してあなたに投票したが、公約２と３には賛同していない。」という意思を示すことができないことである。一方、当選した候補者の立場からは、当選したことで自分の公約全てが有権者から認めら

3　日本選挙学会『日本選挙学会年報　選挙研究Ｎｏ．２』（１９８７年３月、北樹出版）ｐ．38－39

れたとみなすことができる。当選さえすれば、自分の公約の中に多数の有権者が望ましくないと思っているものがあったとしても、有権者から得た〝当選〟という信任を背景に、全ての公約を強く推し進めることができるのである。小堀眞裕は、「選挙では候補者か、政党しか選べない」ことが選挙の第一の限界であり、「マニフェストに部分的に一致して他の部分には一致していなくても、投票すれば候補者や政党の票としてカウントされるだけで、そうした複雑な有権者の気持ちは届かない」と指摘している[4]。

有権者が投票した候補者の公約の中に賛同できるものとできないものがあることこそ、投票してもなお表示することができない有権者の意思である。当選した候補者や政権を獲得した政党に、選挙後においても有権者が示した意思を尊重しながら様々な

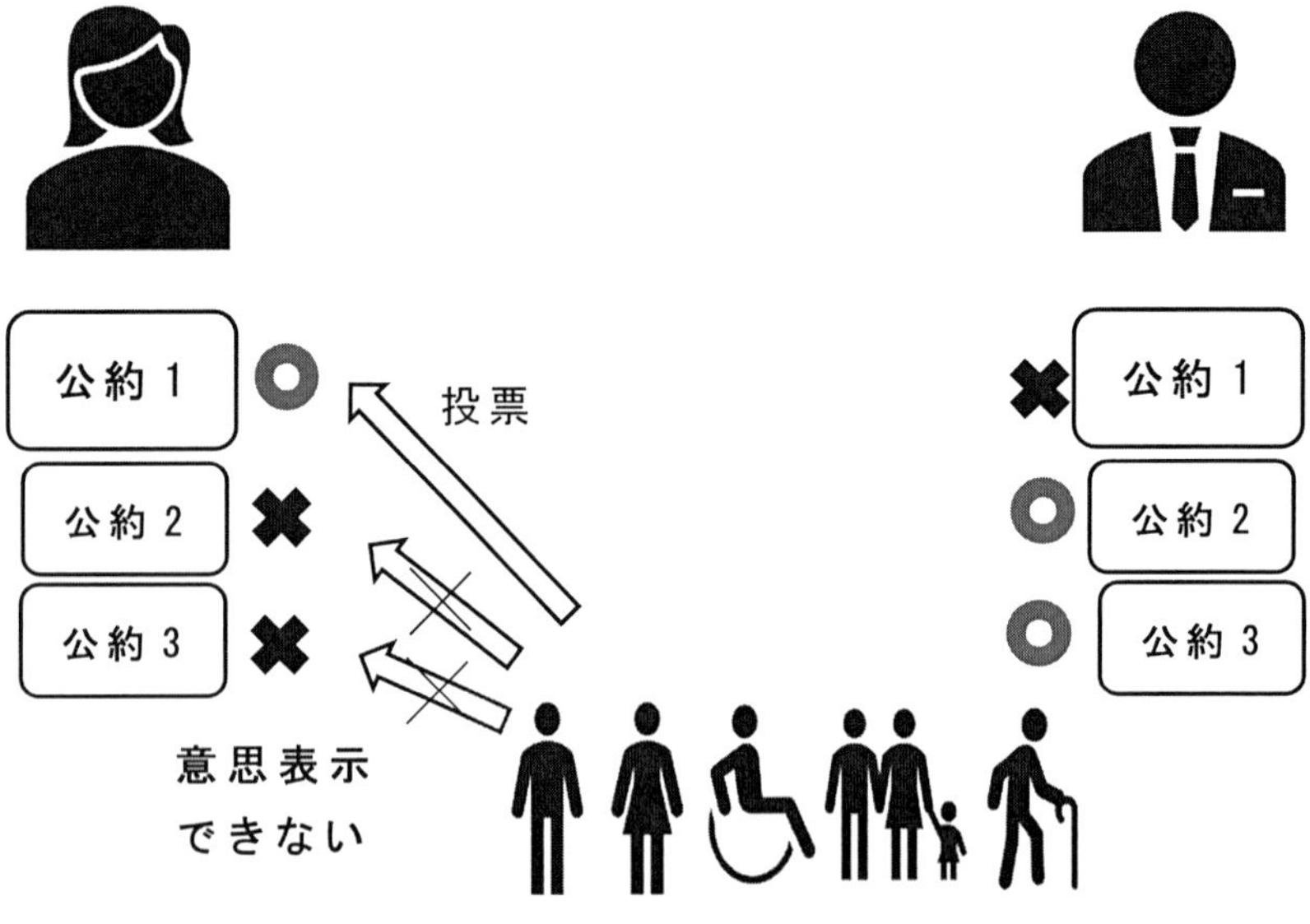

政策を実行させるためには、候補者や政党が掲げる全ての公約に対しても有権者が投票できるようにして民意を〝見える化〟するとともに、当選者及び政権政党にその民意を尊重させることを担保する仕組みを選挙制度に組み入れていくことが不可欠である。

第３節　民主主義の出発点としての選挙に今求められる仕組み

筆者は、「はじめに」において、安倍政権下での特有の問題として、第２章でみたような有権者の投票意欲の低下が、現政権に国会での強固な基盤を与え、安倍首相による強引で民意を無視した政権運営を招いていること、すなわち、民主主義の出発点であるはずの選挙が、安倍首相に合法的な手段で権力を掌握することを許し、非民主主義的な政権運営を浄化できていないと述べた。このことについて、本節では、筆者による〝政策〟と〝民主主義的政策決定プロセス〟を定義したうえで、安倍首相の政権運営の問題点を再整理することを通して、民主主義の出発点たる選挙に、今どのような仕組みが求められているのか指摘したい。

１　政策とその決定プロセス

政策については、多くの研究者が様々な定義を行っている。例えば、大森彌は「社会次

4 小堀眞裕『国会改造論　憲法・選挙制度・ねじれ』（２０１３年６月、文藝春秋）ｐ．２４７

元での調整をこえる争点ないし紛争に対して統治活動を施すことによって、その一応の解決をはかる手段であり、この意味で社会の安定に関係づけられる統治活動の内容」[5]、西尾勝は「政府が、その環境諸条件またはその対象集団の行動に何らかの変更を加えようとする意図のもとに、これに向けて働きかける活動の案」[6]と定義している。また、松下圭一は「①個人では解決しえない『問題領域』で、②『資源の集中効果』があがるような制度解決ができ、③ミニマムの保障として『市民合意』がえられる」という三条件をみたす問題解決の手法が公共政策であるとしている[7]。

行政による定義を見ると、行政機関が行う政策の評価に関する法律第2条第2項において「行政機関が、その任務又は所掌事務の範囲内において、一定の行政目的を実現するために企画及び立案をする行政上の一連の行為についての方針、方策その他これらに類するもの」が政策であると定められている。

一方、筆者は、民主主義の出発点である選挙の現状、また、選挙で選ばれた政治家による政策決定のプロセスの現状に着目しているため、本書においては、「行政が解決すべき課題について、民主主義的プロセスを経て決定及び実施される国または地方自治体の基本方針とその具体策」が政策であると定義する。

次に、筆者が考える「民主主義的政策決定プロセス」は、次ページの下図のとおりである。まず、民主主義の出発点である選挙において、「A案という政策を掲げる○○党」と「B案という政策を掲げる□□党」が候補者を立てて争い、○○党が過半数を制して政権を獲得する。○○党は、A案という政策を実現するために必要な予算案や法律案、様々な制度の新設・改正案などを国会に提案する。

国会では、与野党間の論争が繰り広げられるが、より良い政策とするために協議を重ね、B案の一部を取り入れたA案の修正案Ⓐが作成され、議決を経て決定される。また、同時に○○党から提出されていた法律案や予算案も一部修正の上可決成立し、政策Ⓐは国及び地方を通じて実行に移される。

5 大森彌年報政治学30巻（1981年）p．130

6 西尾勝「行政学」（1993年、有斐閣）p．208

7 松下圭一「日本における公共政策の研究」（1998年、日本公共政策学会年報）p．4

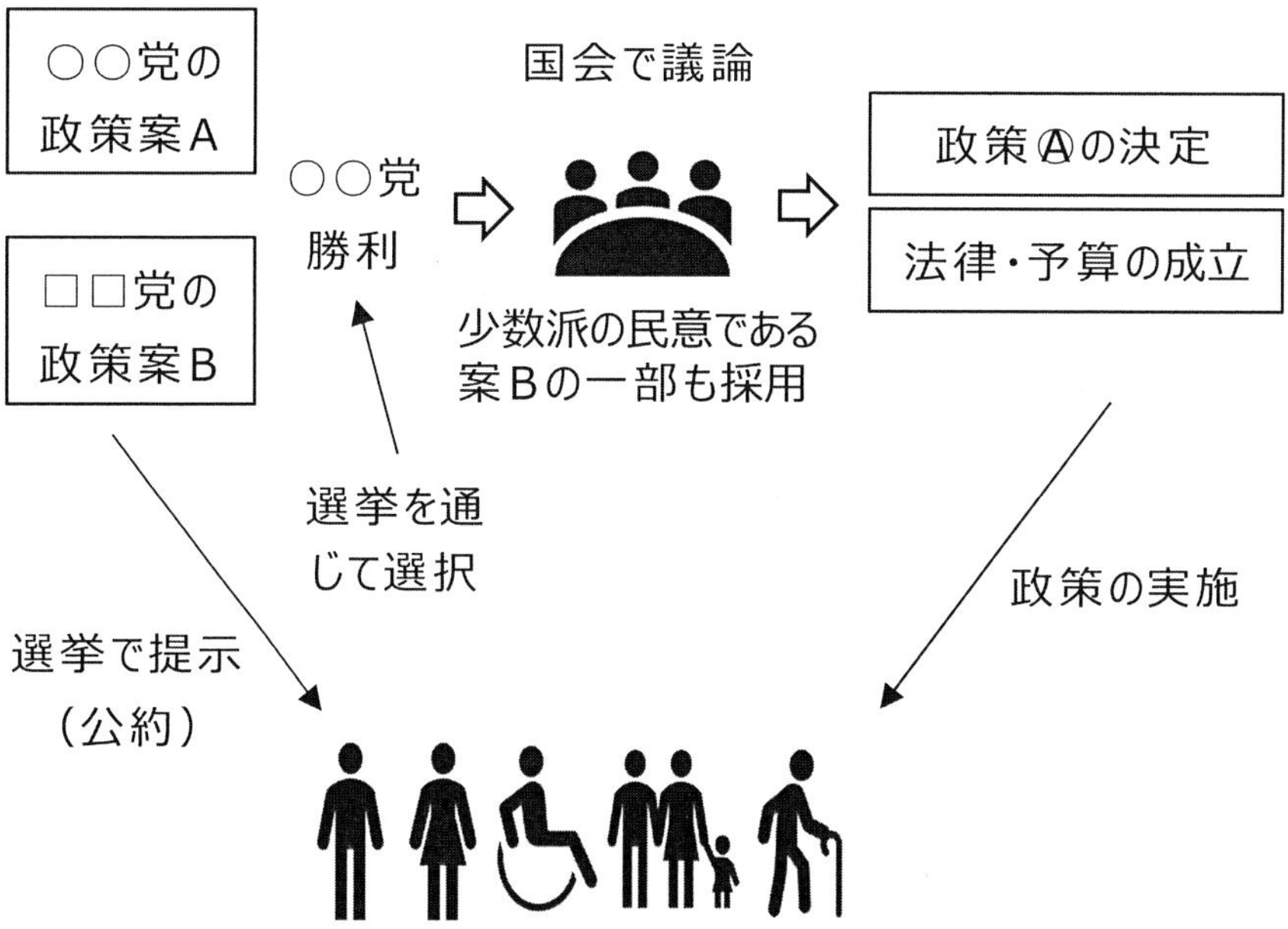

野党の案の一部を取り入れることは、与党側から見ると妥協というマイナス評価につながるかもしれないが、十分な時間をかけて国会で審議したという理由で政権与党の案を押し通すのではなく、国民の少数意見の代表である野党の意見にも配慮して修正することは、まさに〝民主主義的政策決定プロセス〟と言うことができよう。

そして、選挙から政策の決定・実施に至るプロセスは、いわゆる〝PDCA〟サイクルのように繰り返され、建設的な与野党間の議論とより良い政策決定につながる。そして、与党の政権運営次第で、時には与党の選挙敗北や政権交代という有権者の審判によって、政権与党が民意を無視できないことを担保しているのである。

2　現政権の政策決定プロセスの問題点と選挙に今求められる仕組み

ここで、平成24年に自民党が当時の民主党から政権を奪還し、安倍政権が誕生して以降の政権運営の問題点を再整理する。まず、集団的自衛権の行使を認める安全保障関連法案については、平成27年5月15日に国会に提出されたが、衆議院憲法審査会における3名の参考人、最高裁判所の長官や判事の経験者など多くの憲法学者がその違憲性を指摘するほど大きな問題があり、野党はもとより、世論調査でも反対意見が多数を占めていた。しかし、法案提出からわずか4か月後の9月19日、参院特別委員会が採決を強行し、参院本会議においても可決され成立した。

また、国民の知る権利の侵害との批判を受けた特定秘密保護法は、法案の概要が平成25年９月３日に公表された後、パブリックコメントを経て同月27日に法案発表、10月25日法案の閣議決定及び国会提出、11月26日衆院本会議で可決、12月５日参院本会議で可決という速さで成立した。

さらに、共謀罪の趣旨を盛り込んだ改正組織犯罪処罰法案は、平成29年３月に国会に提出され、５月23日には衆院で可決された。その後、法務大臣の問責決議案の提出などで野党が抵抗し、反対する市民の街頭活動や国会周辺での集会が行われる中、６月15日早朝という異例の時間に参院で可決された。共謀罪を含む法案が平成15年以降３回廃案になった経緯があったが、今回は、わずか３ヶ月での成立であった。

このように、３つもの非常に重要な法案が、国会提出後から３～４ヶ月という短期間で、しかも野党や多くの国民の反対を押し切った強行採決という手法で成立しているのである。このことは、筆者が言う〝民主主義的政策決定プロセス〟のうち、国会ではより良い政策とするために与野党が十分議論し、国民の少数派を代表する野党の意見も取り入れて政策決定することが行われていないことを意味する。

一方、選挙との関係からも安倍首相の政権運営を点検する必要がある。第２章第３節で取り上げたが、再度、これら３法案の成立過程及びこれと相前後する国政選挙における主な争点を比較する。

表3－4にあるとおり、衆院選と参院選の間を縫うように、国会への法案提出から可決までの手続が行われている。また、直前の選挙においても、これらの法案が主な争点となっておらず、実際に有権者の関心度（総務省による総選挙及び参議院議員通常選挙の全国意識調査における「投票に際し考慮した政策課題の順位」）をみると、安全保障関連法案直前の第47回総選挙で「外交防衛」は9位の17・4％、「憲法改正」は11位の13・7％、改正組織犯罪処罰法案直前の第24回参院選で「治安対策」は14位の9・6％にとどまっている。これらの法案について、民意を問うたと評価できる状況ではない。

筆者の〝民主主義的政策決定プロセス〟では、選挙を民主主義の出発点、

表3－4　3法案の成立過程及びこれと相前後する国政選挙

H25.7	第23回参院選（アベノミクス、憲法改正）
H25.10	特定秘密保護法案国会提出
H25.12	〃　　　可決・成立
H26.12	第47回総選挙（アベノミクス、消費税増税延期）
H27.5	安全保障関連法案国会提出
H27.9	〃　　　可決・成立
H28.7	第24回参院選（消費税増税延期）
H29.3	改正組織犯罪処罰法案国会提出
H29.6	〃　　　可決・成立
H29.10	第48回総選挙（消費税増税後の使い道、北朝鮮対応）

（注）各選挙の主な争点は、明るい選挙推進協会による総選挙及び参議院選挙の全国意識調査から抜粋した。

すなわち政策決定を民主主義的に行う出発点と位置づけている。もちろん、全ての政策について選挙で民意を問うことは不可能であり、選挙後に新たな諸課題が起こるたびに選挙を行うことも、また同様である。しかし、ここで指摘した3法案については、国会提出直前の選挙で争点として取り上げ、公約として有権者に示して民意を問うことは十分に可能であったはずであり、また、それに値する政策課題であったことは多論を要しないであろう。

そして、さらなる問題点は、こうした安倍政権に対して、選挙での与党敗北あるいは政権交代という浄化作用が働いていないことである。この原因として、離合集散を繰り返す野党が与党に批判的な有権者の受け皿になっていないことがよく指摘されるが、安倍首相が国政選挙をうまくコントロールしていることも、その一つであろう。

平成24年12月以降における安倍政権下での総選挙をみると、世論や政党支持率の動向などに注視しながら解散のタイミングを図り、有権者の関心の高い経済政策や国家にとって重要な外交防衛政策といった首相が成果を強調しやすい争点を解散の大義名分としている。その一方で、与党に不利な政策課題については、参院選も含め選挙での争点化を避ける[8]とともに、先に述べた3法案の強行採決などの強引な政策決定は、選挙に影響を及ぼさない

[8] 例えば、令和元年5月26日に行われたトランプ米大統領との会談において、日米貿易交渉について参院選での争点化を回避したい安倍首相の要請がトランプ大統領によって受け入れられ、交渉妥結が選挙後まで延期された。

時期を見計らいながら、極めて短期間で行っている。

総理大臣に衆議院解散権が認められる憲法解釈が定着している現状で、与党に有利なタイミングで解散するのはやむを得ないと考えられ、また、有権者の審判を回避するようなやり方は、公職選挙法などの法令に違反するわけではない。しかし、選挙を政権維持のための道具として利用し、ひいては有権者を愚弄しているとの批判を免れることはできないであろう。

そして、最も重要なことは、現在の選挙制度下でこのようなやり方が許されているということだ。この点を改めない限り、安倍政権が交替したとしても同じ手法が繰り返される可能性は依然として残る。つまり、現在の選挙制度では、政権の恣意的なコントロールにより選挙が本来持っている浄化作用は機能せず、民主主義の出発点としての役割を果たすことはできない。

選挙において何が争点となるかは、政党や候補者の有利不利によって左右されるものではなく、その時点の国民生活や社会経済の状況、国際情勢などを踏まえ、どの政策課題が議論されるべきかという観点から客観的に決定されなければならない。どのような政策課題を選挙の争点にするかを第三者機関が決定し、それに対する公約を掲げて選挙を戦わせる仕組みも必要となっている。今こそ、かかる手法を許さない選挙制度が求められているのである。

本章のまとめ

【総選挙における投票者の行動】

候補者に投票する小選挙区であっても、有権者は「人」より「政党」を重視する傾向が強くなっているとともに、様々な政策課題を考慮して投票していることが確認された。

【地方選挙における投票者の行動】

「政治をよくするには選挙は大事」「投票は住民の義務」と思って投票した者が6〜7割いる一方で、「当選させたい候補者がいた」という候補者個人に着目して理由で投票した者は2〜3割にとどまるほか、地方選挙であっても国政レベルのものを含め幅広い政策課題が考慮されていることが判明した。

【現在の選挙制度における課題】

① 有権者は、投票に際し様々な政策課題について考慮しているが、投票しても「投票した候補者または政党が掲げた公約の中に、賛同できないものがある」という有権者の意思を表示することはできない。

② この一方で、当選者または政権を獲得した政党は、自身が掲げた公約の中に多くの有権者が賛同していないものがあっても、全ての公約について有権者の信任を得たものとして実施に移すことができる。

③　現安倍政権下では、強行採決という非民主主義的なプロセスで政策決定がしばしば行われているが、与党の敗北あるいは政権交代という選挙が有する浄化作用が機能しないよう、安倍首相によりコントロールされている。こうした手法が許される現在の選挙制度が最大の問題である。

本章のキーワード

投票しても表示できない有権者の意思（一部の公約への不賛同）

全ての公約が信任を得たとみなすことができる当選者

権力者のコントロールにより本来の機能が働いていない選挙制度

第４章　主権者の意思が真に尊重される選挙制度改革

前章では、まず、地方選挙及び衆議院議員総選挙における投票者の行動を分析した。前者については、「投票は住民の義務」などの高い意識で投票した有権者が多い一方、候補者個人に着目して理由で投票した者はその半分程度にとどまるほか、投票に際し国政レベルのものを含め幅広い政策課題が考慮されていることが判明した。後者については、候補者を選ぶ小選挙区においても候補者個人より政党を重視する傾向が強くなっているとともに、地方選挙と同様、有権者が様々な政策課題を考慮して投票していることが確認された。

また、現在の選挙制度には、有権者が投票先に選んだ候補者もしくは政党の公約の中に賛同できないものがあることを意思表示できないこと、あるいは、選挙の争点が政党や候補者の有利不利によって左右される場合があることから、有権者の公約に対する賛否を可視化するとともに、どのような政策課題を選挙の争点にするかを第三者機関が決定し、それに対する公約を掲げて選挙を戦わせる仕組みが必要であることが指摘された。

最終章となる本章では、まず、こうした仕組みが組み込まれた新しい選挙制度の提言を試みるとともに、第２章第３節で述べたとおり、多くの有権者が自分たちの生活に大きな影響を与えるほどの権力を地方自治体が持っていないと感じていると推測されたことについて詳述した上で、地方選挙における「無関心」増加の要因を払拭するために、何が求められるのか考察を加える。

第1節　公約に対する意思表示を可能とする選挙制度改革

1　新しい選挙制度の提言

筆者が考える新しい選挙制度は、まず、公平な立場の第三者機関が、どんな政策課題について公約を掲げなければならないかを決定し、それらの政策課題について候補者もしくは政党が公約を掲げて立候補した上で、有権者は、投票したい候補者もしくは政党を選択し、その者もしくは党の公約一つひとつに対する賛否も同時に投票することができるというものである。以下では、こうした仕組みを組み込んだ選挙の具体的な制度設計について検討する。

候補者や政党が自由な形式で公約を作成している現状のまま公約にも投票できる選挙制度を導入すると、争点化を避けたい政策課題に関する公約を掲げない、あるいは、選挙戦における議論がかみ合わないなどの弊害が残ったままとなる。また、公約を掲げた政策課題がバラバラであれば、有権者は同じ課題について候補者間または政党間の公約を比較して、投票先を決定することもできない。そこで例えば、選挙を執行する公正な立場の選挙管理委員会が、その選挙を通じて候補者間もしくは政党間においてきちんと議論され、有権者に判断を求めるべき政策課題、すなわち選挙の争点を決定する。

そして、候補者または政党は、それら全ての争点について公約を掲げるとともに、有権者が投票に際し的確な判断を行えるよう、各公約について、それまでの取り組みとその成果、成果を踏まえた今後の政策、それを実現するための具体的手法、予算、達成時期なども有権者に提示するものとする。有権者は、候補者間・政党間で公約を比較検討して投票先を決定し、投票先に決定した候補者もしくは政党の公約一つ一つについて「賛同・非賛同」の意思を候補者名とともに投票する、という制度が一つの方法として考えられる。なお、公約に独自性を持たせるため、1項目に限定し、独自の政策課題の設定も可能とする。また、立候補者が定数を超えずに無投票当選となった場合も、予定されていた投票日に、当選者の公約に対する選挙を行う。

下記の例にあるような投票用紙に、投票しようとする候補者の氏名を記入する欄とその候補者が掲げる公約について意思表示

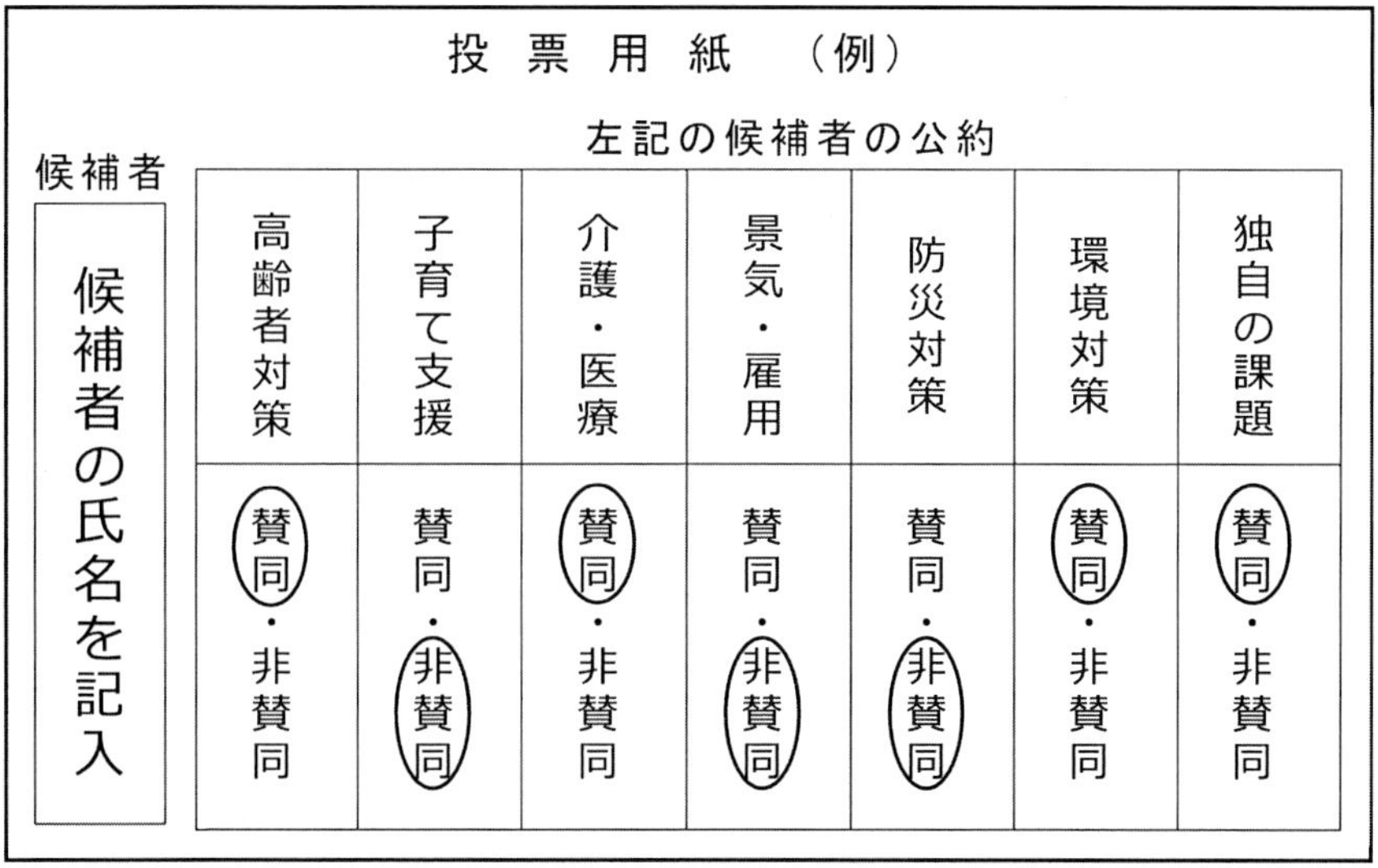

候補者	投　票　用　紙　　（例）						
	左記の候補者の公約						
候補者の氏名を記入	高齢者対策	子育て支援	介護・医療	景気・雇用	防災対策	環境対策	独自の課題
	賛同・非賛同	賛同・非賛同	賛同・非賛同	賛同・非賛同	賛同・非賛同	賛同・非賛同	賛同・非賛同

するための「賛同・非賛同」欄を設ける。有権者は、意中の候補者名を記入するとともに、その候補者の各公約について「賛同・非賛同」のいずれかに○を付して投票する。政党に投票する比例代表制の場合は、候補者名に代わり政党名を記入し、その政党が掲げる公約に対し同様の方法で投票する。

開票については、候補者への投票を即日開票して当選者を決定した上で、後日、当選者の公約についてのみ賛同・非賛同の投票結果を速やかに集計し公表する。政党への投票も即日開票して各党の獲得議席数を決定した上で、候補者への投票と同様、政権を獲得した政党についてのみ、その公約に対する投票結果の集計及び公表を行う。

このような選挙制度には、次のような3つの効果が期待できる。1つ目は、投票率と有権者の参加意識の向上である。総選挙の小選挙区において、与党の候補者に対抗しうる有力な野党の候補者がいない場合や支持政党の候補者がいない場合、また、首長選挙が実質的な現職の信任投票になってしまう場合でも、この新制度では、少なくとも投票する候補者の公約に対する賛同・非賛同を意思表示できるため、投票意欲が失われにくく投票率の向上が期待できる。また、投票に行くまでに候補者の公約をきちんと読んで、各候補者間で比較する有権者が増えるため、投票を〝国民の義務〟と捉えるだけでなく、より積極的かつ真剣に投票に参加する有権者の増加も見込まれる。

期待される３つの効果
1　投票率と有権者の参加意識の向上
2　民意が反映された行政運営
3　増加している無投票当選への対応

２点目は、民意が反映された行政運営への期待である。現行の制度では、当選者は、自分の公約のどれが支持され、どれが支持されなかったのか不明であるため、全てが認められたものとして政策を実行できるが、新制度では、全ての公約について有権者の総意が示されるので、「賛同」の投票率が低かった公約については、その要因を分析し必要な修正を加え、議会で承認を得ながら具体化していかなければならない。また、議論すべき政策課題が全て設定された上での選挙であるので、選挙で争点になることを避け、選挙後に政策決定を行う〝後出しじゃんけん〟のような政治手法を防ぐことも可能となる。

最後は、増加している無投票当選への対応である。第１章でみたように、無投票当選が近年の統一地方選挙において増加しており、その傾向は、最も身近な基礎自治体の長を決める市町村長選挙において特に顕著である。民意や地域の実情に合わせて、柔軟に行政運営を行わなければならない自治体の首長選挙が行われず、有権者の意思表示の機会が失われていることは、非常に憂慮すべき状況である。ただ、この背景には、高齢化や過疎化が進み、十分な立候補者を確保できないというやむを得ない事情も存在する。そこで、無投票になった場合でもこの制度を適用し、当選者の公約に対する投票を可能とすれば、有権者は、少なくとも公約への賛同・非賛同の意思表示を行うことができる。

2　筆者が提案する選挙制度の検討課題

筆者は、新しい選挙制度の提案を試みたわけであるが、少なくとも以下の3つの検討課題があると考えている。まず第1に、投票に際し有権者の負担が増加することにより、選挙を棄権する有権者が増え、かえって投票率を押し下げる恐れはないかということだ。例えば、総選挙における政党のマニフェストをみると、非常に長文のものが作成される場合があり、こうしたマニフェストに目を通し政党間の違いを比較して投票先を決定しなければならないことの負担は、有権者にとって決して軽いものではないであろう。

ただ、候補者や政党の側からすれば、できるだけ多くの票を獲得するには、多くの有権者に自分の主張を理解してもらう必要があるため、簡潔な文章でビジュアル面も配慮した分かりやすいマニフェストを作ることを目指すはずであり、こうした有権者の負担は、選挙のたびに軽減されていく余地はある。

3つの検討課題
1　全てのマニフェストをチェックする有権者の負担
2　選挙管理委員会による争点の的確な設定
3　公約に対する投票結果を尊重させる方法

2点目は、選挙管理委員会が、選挙の争点を的確に設定できるかという課題である。例えば、衆参議員選挙（比例代表）を管理する中央選挙管理委員会は、公職選挙法に基づき設置される総務省の「特別の機関」であり、委員は、「国会に議決による指名に基づいて内閣総理大臣が任命する」とされている[1]。このような中央選挙管理委員会が、衆議院の過半数を占める政権与党にとって不利になるかもしれない政策課題を選挙の争点に設定できるかということが懸念される。このため、選挙管理委員会が選挙の争点を設定するに当たっては、全面的に公開された委員会で議論するとともに、委員長が議会や記者会見などの場で国民に対する説明責任を果たす仕組みを導入するなど、公正な争点の設定を制度的に担保する必要がある。

最後の3点目は、当選者もしくは政党に、公約に対する投票結果をどのように尊重させるかという課題である。近年、住民を二分するような大きな政策決定を行う際に、地方自治体が条例を定めて住民投票を実施する事例が見受けられるようになったが、住民投票は、憲法や法律に基づくもの[2]を除き、投票結果に法的拘束力が認められていない。筆者による新選挙制度は、重要な各政策課題についての住民投票という性格を帯びるため、この選挙結果に法的拘束力を認めるのかどうかが問題となる。仮に、認めないとなると、有権者の投票意欲は相当失われるであろう。

公職選挙法を改正し、この新制度を同法に基づく選挙と位置付ければ、その結果に拘束力を持たせることは不可能ではない。しかし、一般的に言って有権者は、できるだけ少な

1　公職選挙法第5条及び第5条の2第2項
2　憲法第95条に基づき特定の自治体に適用する特別法を制定する場合、地方自治法に基づき議会の解散又は首長・議員の解職の賛否を問う場合の住民投票は、法的拘束力が認められている。

い負担で、できるだけ多くの行政サービスを受けたいと考えるので、この選挙結果に過度に強い拘束力を与えると、いわゆる〝大衆迎合主義的〟な行政運営になる恐れが高くなるため、〝強制〟ではなく〝尊重〟させる仕組みが必要となる。

一例として、「投票者の70%以上が賛同した公約は、議会の承認を得ながら推進する。」「賛同が50%以上70%未満の公約は、投票結果を分析して議会と議論し、必要な修正を加えた上で実施する。」「賛同が30%以上50%未満の公約は、投票結果を分析して議会と十分な議論を行い、大幅に修正した上で段階的に実施する。」「賛同が30%未満の公約は実施できないが、根本的に練り直した上で、次の選挙で再度有権者の審判を受けることはできる。」と公職選挙法で定める方法を提案する。

第2節　地方選挙への投票意欲向上に資する地方分権改革

第2章第3節において、「多数の有権者の目には、国と地方の関係や地方の権限は地方分権改革以前とほとんど変化していないように映っている」ことが、地方選挙における投票率低迷の背景にあるのではないかと推測された。本節では、この点について、現在までに実施された地方分権改革を簡潔に整理した上で考察を加えるとともに、地方選挙における有権者の投票意欲向上に資するため、これまで実施された地方分権改革とは異なる改革が必要であることを指摘したい。

1　第1次地方分権改革

我が国における本格的な地方分権改革は、地方分権改革一括法が施行された平成12年度にスタートした。

同年４月から実施された「第１次地方分権改革」では、知事や市町村長を国の下部組織（出先機関）に位置づけ、強力な管理監督の下、国の指示どおりに処理させていた「機関委任事務」制度が廃止されるとともに、不要となった事務を除き、地方固有の事務である「自治事務」、引き続き国が関与しながら地方が処理する「法定受託事務」及び国が直接執行する事務に移行された。

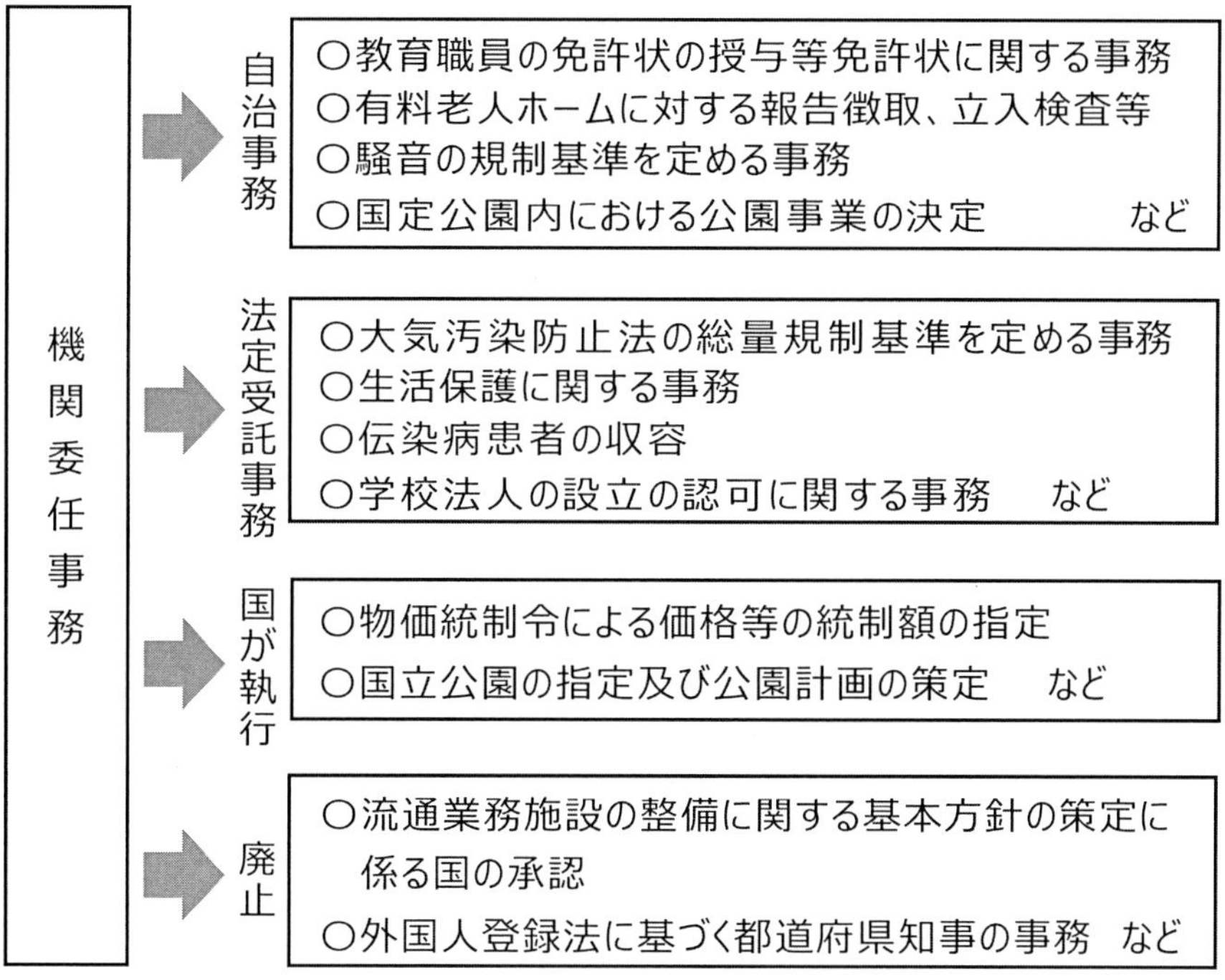

また、中央省庁を頂点とする中央集権型システムの象徴であった機関委任事務を廃止したことに伴い、国の地方に対する関与の方法を地方自治法に新たに規定するとともに、関与に当たっては、「その目的を達成するために必要な最小限度のものとするとともに、普通地方公共団体の自主性及び自立性に配慮」（地方自治法第二四五条の三第一項）することを国に義務づけ、国と地方の関係を「上下・主従」から「対等・協力」に改めた。

2　第2次地方分権改革

このような第1次地方分権改革を受け、平成19年度から、第2次地方分権改革が推進されている（主な流れは、次ページの表4－1参照）。第2次分権改革は、地方分権改革有識者会議から「個性を活かし自立した地方をつくる～地方分権改革の総括と展望～」が出された平成25年6月を境に、前半と後半に大別することができる。

まず前半では、地方分権改革推進委員会（平成19年4月

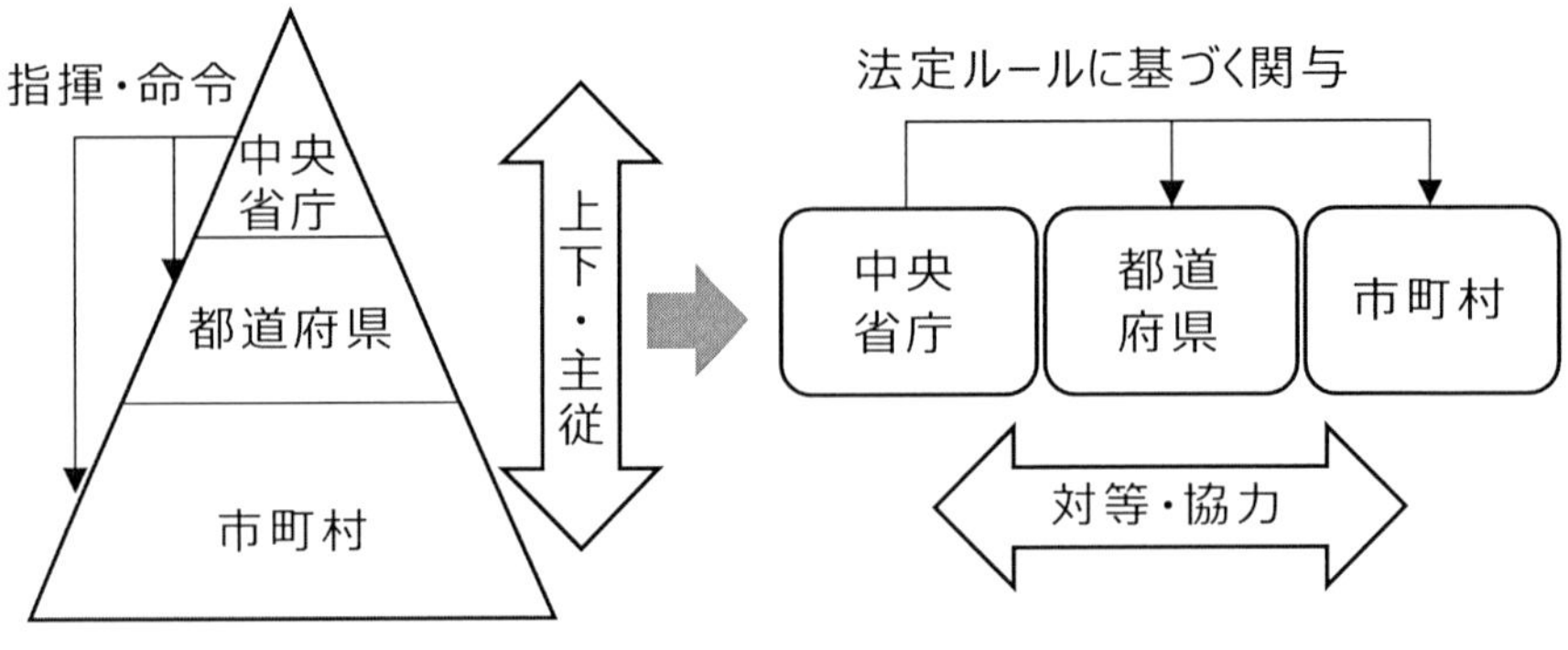

表４－１　第２次地方分権改革の主な流れ

H19.4.1	地方分権改革推進委員会（以下「委員会」）　発足
H20.5.28	委員会第１次勧告（生活者の視点に立つ「地方政府」の確立）
H20.12.8	委員会第２次勧告（「地方政府」の確立に向けた地方の役割と自主性の拡大）
H21.10.7	委員会第３次勧告（自治立法権の拡大による「地方政府」の実現へ）
H21.11.9	委員会第４次勧告（自治財政権の強化による「地方政府」の実現へ）
H23.4.28	地域の自主性及び自立性を高めるための改革の推進を図るための関係法律の整備に関する法律（第１次一括法）　成立
H23.8.26	第２次一括法　成立
H25.6.7	第３次一括法　成立
H26.5.28	第４次一括法　成立
H26.6.24	個性を活かし自立した地方をつくる～地方分権改革の総括と展望～
H27.1.30	平成26年の地方からの提案等に対する対応方針（閣議決定）
H27.6.19	第５次一括法　成立
H27.12.22	平成27年の地方からの提案等に対する対応方針（閣議決定）
H28.5.13	第６次一括法　成立
H28.12.20	平成28年の地方からの提案等に対する対応方針（閣議決定）
H29.4.26	第７次一括法　成立

設置）において、国から地方への権限移譲や地方に対する規制緩和を中心に議論が行われ、平成20年5月の「第1次勧告〜生活者の視点に立つ『地方政府』の確立〜」以降、翌年11月の「第４次勧告〜自治財政権の強化による『地方政府』の実現へ〜」まで４回の勧告が出された（本委員会は平成22年3月で廃止）。これらの勧告は、平成23年4月〜平成26年5月にかけて順次成立した「地域の自主性及び自立性を高めるための改革の推進を図るための関係法律の整備に関する法律（第1次〜第4次一括法）」により実現されていった。

前半の改革で実現した国から地方への権限移譲は、「医療法人の設立認可等」、「社会福祉法人の定款の申請及び認可」、「自家用有償旅客運送に係る登録」など48項目について行われた。また、「幼保連携型認定こども園の設備及び運営に係る基準の条例委任」、「農地転用の許可、農地等の転用を伴う権利移動の許可に係る提出書類の簡素化」、「地方青少年問題協議会の会長及び委員の要件に係る規定の廃止」など975事項の規制が緩和された。

そして改革の後半において、地方分権改革有識者会議は、平成26年6月に「個性を活かし自立した地方をつくる〜地方分権改革の総括と展望〜」を取りまとめた。この報告書では、第1次地方分権改革も含め、それまでの改革について、「国と地方の関係を上下・主従の関係から対等・協力の関係に変え、地方分権型行政システム」を確立するとともに、「地方に対する事務・権限の移譲や地方に対する規制緩和を網羅的に推進」し、「自治の担い手としての基礎固めが行われた」などと総括した[3]。

第２次改革（第５次一括法）で実現された主な事項
○農地転用許可の権限移譲
○都道府県内で水利調整が完結する水道事業等の許可権限の移譲
○医薬品製造販売等の地方承認権限の範囲拡大
○企業立地促進のための基本計画の同意に係る事前審査・事前協議の原則廃止
○消費者安全法に基づく事業者に対する報告徴収・立入調査等の対象区域の拡大
○介護認定審査会委員の任期の条例委任

その上で、改革のさらなる展開として、「国が主導する短期集中型の改革スタイルから、地域における実情や課題に精通した地方の発意に根ざした息の長い取組を行う改革スタイルへの転換が望まれる」ことから、「地方から制度改革に関する提案を求める『提案募集方式』」をぜひ導入するとともに、「地方の『多様性』を重んじた取組を推進」する観点から、「地方ごとの多様な事情への対応が可能となる『手挙げ方式』」も導入すべきとした。この指摘以後、国は、地方から制度改革に関する提案等を求め、それらへの対応方針を閣議決定の上、第５次〜第７次の一括法を成立させて、順次実現が図られている。[4]

3　この段落は、地方分権改革有識者会議「個性を活かし自立した地方をつくる〜地方分権改革の総括と展望〜」（平成26年６月）ｐ．３から筆者がまとめた。
4　この段落は、地方分権改革有識者会議「個性を活かし自立した地方をつくる〜地方分権改革の総括と展望〜」（平成26年６月）ｐｐ．３－４から筆者がまとめた。

3　地方選挙への投票意欲向上に資する地方分権改革

ここまで、第1次及び第2次地方分権改革について、その概略をみてきた。第1次改革では、地方を国の出先機関に位置づけていた機関委任事務が廃止されたことの意義は非常に大きく、併せて国が地方に関与するルールが法定化され、国と地方の関係は上下・主従から対等・協力の関係へと変化した。また、第2次改革では、国主導の下、国から地方への権限移譲と地方に対する規制緩和が行われ、その後、地方からの提案型による取り組みが進められている。

しかしながら、これらの2次にわたる地方分権改革には、重大な問題点が潜んでいる。それは、数多くの項目について権限移譲や規制緩和が行われ、地方分権改革が推進されているように見えるが、地方に移譲されているのは、様々な制度や事務の実施権であり、制度の骨格や事務処理要領を決める決定権は、国に留保されていることである。

加藤秀治郎は、地方選挙について「地方分権化を推進するという課題」が残されており、地方が中央に依存する「構図がそのまま続くようでは、選挙戦の実態はあまり変わりようがない」と指摘したうえで、第1次地方分権改革を『「器の改革」』に終わらせないように、付随する改革をきちんと進める」ことが必要だと述べている[5]。加藤の主張と筆者の視点とが一致しているかどうかは不明だが、地方の中央への依存を改革しなければならないということは共通していると言える。

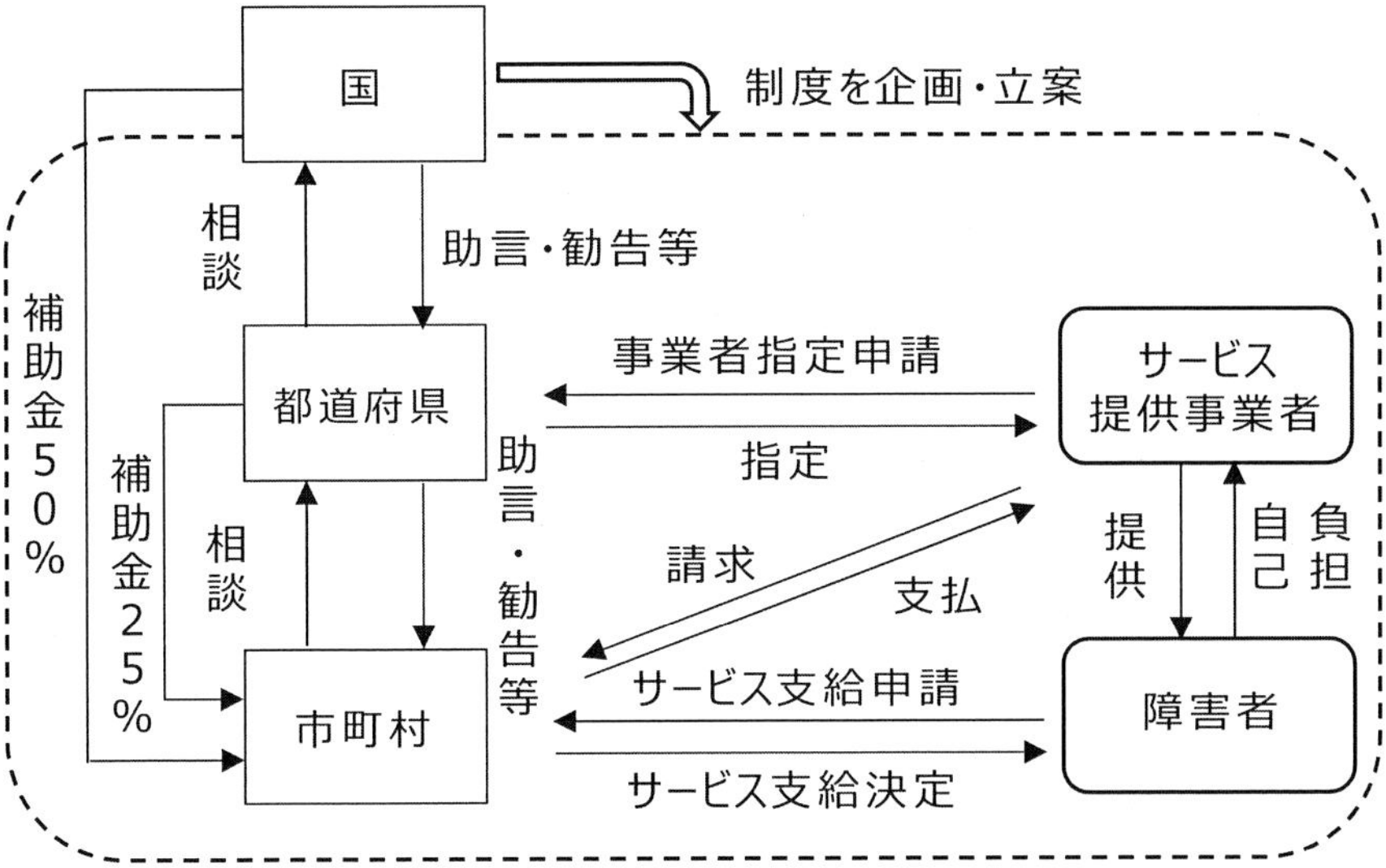

このことについて、「障害者の日常生活及び社会生活を総合的に支援するための法律」（以下「障害者総合支援法」という。）を例に挙げて説明する。

上図のように、まず市町村は、障害者からサービスの支給申請を受けて支給決定を行い、障害者が必要なサービスを受けた後、自己負担分を除いた公費負担分をサービス事業者に支払うなど、サービス支給に関する事務を処理する。都道府県は、サービス提供事業者の指定や監査を行うとともに、市町村からの相談を受けて助言を行うなど、市町村を側面から支援する役割を担っている。

5　加藤秀治郎「日本の選挙　何を変えれば政治が変わるのか」（２００３年３月、中公新書）ｐｐ．１２６－１２７

国は、障害者総合支援法や同法施行令などを制定し、前ページの図に示しているような制度の骨格を定めるほか、非常に多くの事務処理要領を省令・告示や通知という形で地方に示し、障害の程度を認定する方法や障害の程度に応じて支給するサービスの内容など、制度の詳細な部分まで決定している。

障害者総合支援法に関する市町村や都道府県の事務は、第1次地方分権改革により地方の固有の事務である自治事務に移行したが、第2次地方分権改革が行われ、相当程度の権限移譲が進んだ現在においても、制度の企画・立案から詳細な内容の決定まで国が行っているのである。次ページの法体系図のとおり、法律、施行令、施行規則、省令・告示、通知[6]で〝がんじがらめ〟といっても過言ではない状況においては、地方が障害者一人ひとりの個別事情に合わせて支援制度を柔軟に運用する余地は、ほとんど残されていないのである。

ここで、障害者総合支援法に基づくサービスを受けたいと思う障害者が、市町村の担当者に相談に来た場面を想像していただきたい。障害者は、自身の障害特性や家族の状況、居住環境などに応じて必要となるサービスを希望するが、国が決めた制度で認められてい

6 「通知」は、地方自治法第245条に定められた「助言」に相当すると解されているため、地方は、必ずしもこれに従う義務はないが、実際には、中央省庁の指導監査や会計検査院の検査により、通知に従った制度運営が求められている。

障害者総合支援法における法体系図

障害者総合支援法

↓

障害者総合支援法施行令

↓

障害者総合支援法施行規則

↓

厚生労働省が定める省令・告示（主なもの）

○指定障害福祉サービスの事業等の人員、設備及び運営に関する基準（省令）
○障害者支援施設の設備及び運営に関する基準（省令）
○障害支援区分に係る市町村審査会による審査及び判定の基準等に関する省令
○厚生労働大臣が定める障害福祉サービス費等負担対象額に関する基準等（告示）
○自立支援医療に要する費用の額の算定方法（告示）

※ 厚生労働省法令等データベースサービスにおいて、筆者が確認できた障害者総合支援法関係の省令・告示の件数は 39 件（H29.12 現在）であった。

↓

厚生労働省が発した通知（主なもの）

○指定障害者支援施設等の人員、設備及び運営に関する基準について
○障害福祉サービスの利用等にあたっての意思決定支援ガイドラインについて
○障害支援区分に係る市町村審査会の運営について
○障害福祉サービス等における日常生活に要する費用の取扱いについて
○自立支援給付支給事業等の市町村の指導について
○指定障害福祉サービス事業者等の指導監査について

※ 厚生労働省法令等データベースサービスにおいて、筆者が確認できた障害者総合支援法関係の通知の件数は 153 件（H29.12 現在）であった。

ないサービスについては、市町村の担当者は「それは、難しいですね。」と答えざるを得ない。障害者が「このサービスが受けられないと、とても困るのです。何とかなりませんか。」と再度要望すると、担当者の多くは、おそらく「国が決めた制度ですから、こちらでは何ともできないです。」と返答するであろう。

このようなやり取りは、介護保険や生活保護など、障害者福祉以外の様々な制度においても日常茶飯事のように行われていることは、想像に難くない。こうしたことが繰り返される要因は、次ページの図にあるように、第1次及び第2次地方分権改革が、制度の決定権を全く地方に移譲せず、地方自治体を今なお国に依存し責任転嫁しながら制度を運用する〝国の手足〟から脱却させていないことである。この結果、多数の有権者の目には、「国と地方の関係や地方の権限は、地方分権改革以前とほとんど変化していない」と映るのである。

第2章第3節で述べたとおり、有権者の関心は、決定権＝権力を保持する公職を選ぶ選挙に集まる。このため、自分の生活に大きな影響を及ぼす権力を持たない地方自治体ではなく、地方自治体を縛る法律等の制定権という強い権力を持っている国の選挙の方が、有権者の関心度は高くなる。このため、国が制度の決めるのは骨格部分にとどめ、地方が条例や規則の制定によって制度の詳細な内容を決めることができるよう、制度の決定権の一部を地方に移譲する地方分権改革を実施すべきである。

このような分権改革が多くの制度で行われれば、首長が現在よりも強い権限を持ち住民生活に与える影響が大きくなることから、首長選挙が〝地方レベルの政権選択選挙〟という性格を帯びるようになり、首長と対等の関係にある地方議会議員も含めた地方選挙に、多くの有権者が関心を寄せるようになるであろう。また、障害者福祉のような全国一律の取扱いが必要な制度であっても、国が決定するナショナル・ミニマムを保障することに加え、地域ごとに異なる住民ニーズに合わせた行政サービスの提供が可能となる。

さらに、首長の権限が強くなり、地域固有の政策を進めることができるようになることで、首長選挙に立候補しようとする者が、より創意工夫を凝らした公約を作ることが可能となる。これにより、各候補者が独自性の強い公約を巡る競争が激化し、有権者の関心がより高まるとともに、より良い政策が選択され、住民生活の向上も期待できる。

現在も続く国と地方の依存体質

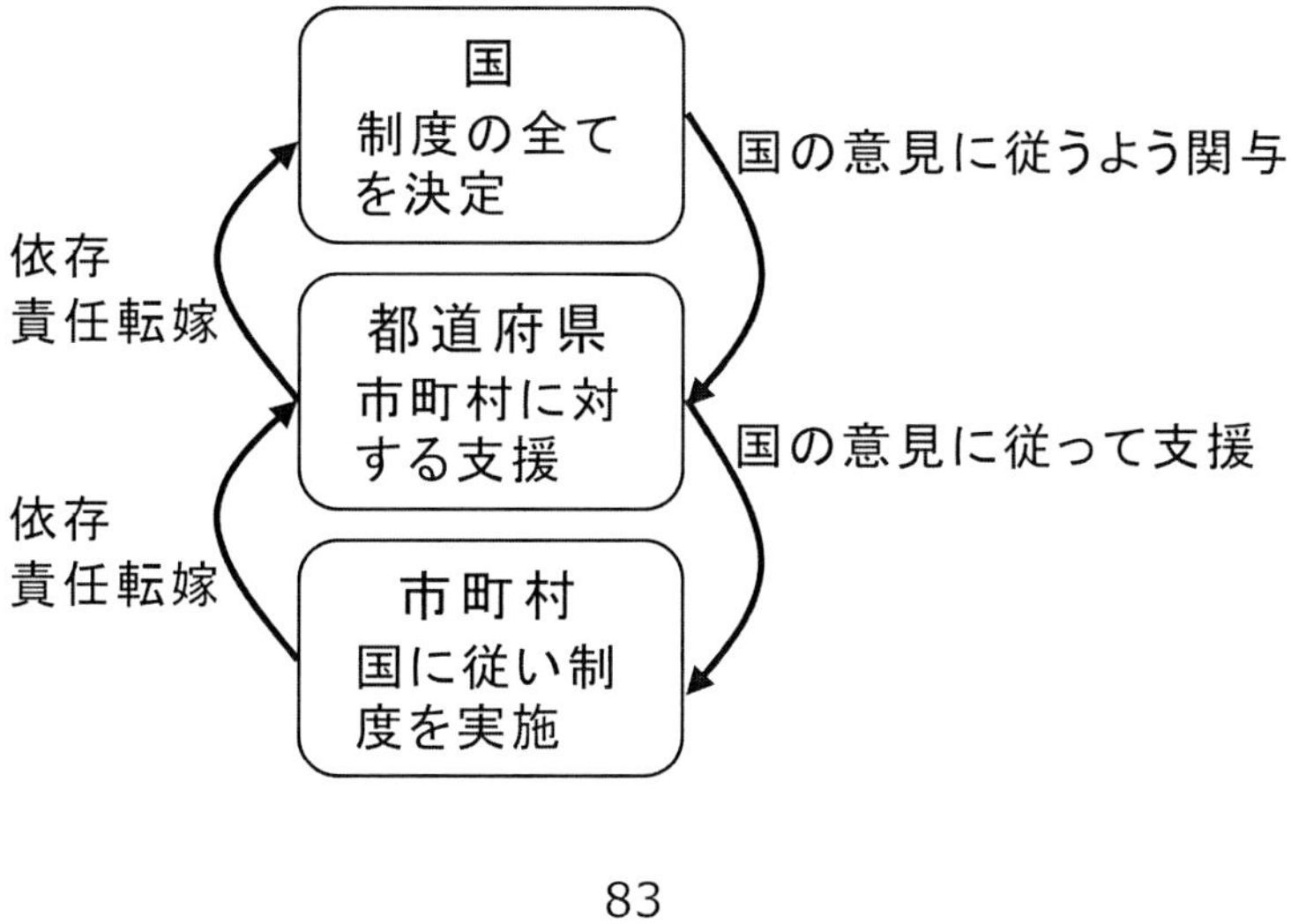

今後の地方分権改革では、制度の実施権の移譲はもとより、制度の詳細な内容を条例や規則の制定によって地方自治体が決めることができるよう、制度の決定権の一部を地方に移譲する分権改革を進めることが必要不可欠なのである。

本章のまとめ

【選挙制度における今後の方向性】

① 投票率を向上させるとともに、有権者の政策に対する民意を明らかにするため、候補者や政党の公約に対しても有権者が票を投じることができる仕組みを導入する。

② その上で、投票結果である民意を当選者に尊重させることを担保する仕組みも選挙制度に組み入れていく。

③ 首長選挙に〝地方レベルの政権選択選挙〟という意味合いを持たせるとともに、首長選挙の候補者間による政策競争を激化させることにより、地方選挙への有権者の関心を高め投票率を向上させるため、地方自治体に制度の詳細を決定する権限を移譲し、住民ニーズに応じた行政サービスの提供を可能にする地方分権改革を推進する。

本章のキーワード

①政策にも投票できる選挙制度の導入による民意の把握

②投票結果を尊重させることによる政治への民意の反映

③制度の詳細を決定する権限を移譲する地方分権改革

おわりに

本書の目的は、我が国の公職選挙において、立候補者や各政党が掲げる政策（公約）への投票も可能にすることにより、有権者に投票へのインセンティブを与えつつ、政策に対する有権者の賛否を民意という形で明らかにするとともに、選挙後においても、当選した候補者もしくは政権を委ねられた政党が政治活動や政権運営を行う上で、この民意を最大限尊重するよう義務付ける選挙制度を提案することであった。

つまり、本書は、多くの研究者が様々な先行文献で主張しているが如く、我が国の選挙制度のあり方について選挙制度論や憲法論などの観点から議論しようとするものではない。もとより、筆者にそのような技量が不足していることが主たる要因であるため、この点についてはご容赦いただくほかない。

しかし筆者は、民意をないがしろにしているとも言える近年の安倍政権の政治姿勢に強い憤りを抱いても、選挙では政権与党が勝利するという事態が続き、選挙を通じてその憤慨を意思表示できない無力感を禁じ得ないこと、また、地方選挙では無風選挙や無投票当選が多く、義務感以外の投票意欲を持つことが難しいと感じていることを端緒として、本書において、多くの有権者が選挙に参加することにより選択された政策をどのように実現していくかということを最も重視した選挙制度を考案し、それを提案することによって、これまでなかった視点から選挙のあり方を議論する必要があると考えたのである。

我が国の選挙制度については、投票率向上や一票の格差是正、政権交代の実現といった観点から、期日前投票制度等の導入や選挙区の見直し、小選挙区比例代表制への移行などの改正が行われてきた。こうした改正は、必要かつ重要なものではあるが、有権者にとって本当に重要なことは、どの候補者・政党が選挙に勝利したのかという目に見える民意だけではなく、勝利した者・党の各公約に対する支持・不支持という、これまでは潜在化していた民意を明らかにすること、そして、選挙後においても、その顕在化させた民意を最大限に尊重した政策が確実に実行されることである。

現代社会のように政策課題が極めて広範囲にわたり複雑化する中、有権者が一人の候補者または一つの政党の公約全てに賛同して投票することは極めて困難であり、公約の中に賛同しないものがあっても、現在の選挙制度でそれを意思表示することは不可能である。一方、選挙に勝った者・政党は、自分の公約が全て認められたと解釈し、これを根拠に政策を推進することができる。有権者は、自分が反対であった政策が選挙後に実行されようとしたときに、反対という意思を表示する機会はほとんど保障されておらず、〝後の祭り〟になるだけである。

また、仮に公約への非賛同を意思表示できるようになったとしても、近年の政治状況を見ると、選挙後において十分な説明もせずに公約を変更したり、選挙の争点にならなかった重要課題について強引に政策決定したりしている状況が変わらない限り、多くの有権者は投票へのインセンティブを失い、投票率の低下に歯止めをかけることはできないであろう。

その国の政治や政治家の質を決定するのは、有権者の質であると言われている。わが国でも、国会議員や地方自治体の首長・地方議員を選んでいるのは有権者であり、公職選挙法などの法令違反や公職者としての資質を問われるような重大な疑惑・失言などの問題を起こした議員を再選させているのも有権者である。

有権者一人ひとりが、自らの意識や行動を改めていかなければならないことは多論を要しない。しかし、前ページで指摘したような状況を打破することは、現行の選挙制度の下では不可能に近いと言わざるを得ないであろう。無論、筆者が提案した選挙制度が唯一の解ではないが、現在の制度を改めることなく安倍政権の政権運営を批判したり、投票率の低下や無風選挙・無投票当選の増加を問題視したりするだけでは、日本の政治に良い変化をもたらすことができないのは既に明らかであるから、これまでなかった新しい視点での選挙制度改革の議論を今こそ始めるべきではないだろうか。

拙著の発行が最終段階に至っていた令和2年8月28日の午後5時、安倍総理大臣の記者会見において重大な発表が行われた。総理は、持病の再発により重責を担うことが困難になり、自民党総裁としての任期を約1年残したまま職を辞するということであった。記者会見を聴いていた筆者は、本書の発行をお願いしていた美巧社の福江氏に電話連絡を入れ、若干の加筆をお願いしたところ、「もしかしたらと思い、輪転機を廻さずにお待ちしていました。」とご快諾いただいた。

「はじめに」で述べたとおり、筆者は、安倍政権や総理個人を批判し、政権を打倒したいがために拙著の執筆に取り組んだわけではない。時期や争点をコントロールして選挙に勝利し、野党や多くの国民がどれほど反対しようと、数の力による強引な政策決定を繰り返すという強引な政権運営は、例え自らの政治信念に基づく政策を実現するためであったとしても、民主主義のルールに反しており批判を免れるものではない。しかし、こうした問題点は、安倍総理が辞任したからと言って何も解決されるわけではないことを改めて強調しておきたい。我々有権者が問題視すべきは、安倍総理個人ではなく、そうした政権運営を可能にしている我が国の選挙制度である。

有権者にとって最も重要なことは、選挙でどの政党が政権を獲り、誰が総理大臣になるかではなく、誰が総理大臣になろうとも、選挙結果という民意を尊重しながら国家や国民、あるいは国際社会にとって最も望ましい政策が、民主主義的なプロセスで決定され実行されることである。地方自治体における政策決定も、しかりである。〝安倍1強〟体制は突然の終焉を迎えたが、次なる政権には、7年8か月に及んだ安倍政権の功罪をしっかりと見極め、かかる政策決定が当然のこととして行われる仕組みづくりに取り組んでいただくことを切に願うばかりである。

参考文献

明るい選挙推進協会「Ｖｏｔｅｒｓ　考える主権者をめざす情報月、明誌」（２０１２年12月明るい選挙推進協会）
池上　彰「池上彰の中学生から考える選挙と未来」（２０１７年３月、文溪堂）
谷口将紀「現代日本の選挙政治」（２００４年１月、東京大学出版会）
石川真澄「小選挙区制と政治改革」（１９９３年10月、岩波書店）
日本選挙学会「政治改革と選挙制度」（１９９２年６月、北樹出版）
小林良彰「選挙制度　民主主義再生のために」（１９９４年６月、丸善ライブラリー）
加藤秀治郎「選挙制度の思想と理論」（１９９８年１月、芦書房）
三宅一郎「選挙制度変革と投票行動」（２００１年６月、木鐸社）
阪上順夫「日本選挙制度論」（１９７２年、政治広報センター）
加藤秀治郎「日本の選挙　何を変えれば政治が変わるのか」（２００３年３月、中央公論新社）
日本選挙学会「日本選挙学会年報　選挙研究Ｎｏ．３」（１９８８年３月、北樹出版）
日本選挙学会「棄権の実証的研究」（１９９２年４月、北樹出版）
日本選挙学会「民主的選挙制度成熟へ向けて」（１９９２年７月、北樹出版）
阪上順夫「現代選挙制度論」（１９９０年11月、政治広報センター）
大林　啓吾「世界の選挙制度」（２０１８年３月、三省堂）
堀江湛「政治改革と選挙制度　ＲＦＰ叢書」（１９９３年９月、芦書房）

西平重喜「統計でみた選挙のしくみ　日本の選挙・世界の選挙　ブルーバックス」（１９９０年９月、講談社）
川人貞史、吉野孝、平野浩、加藤淳子「現代の政党と選挙」（２０１１年３月、有斐閣）
小堀眞裕「国会改造論　憲法・選挙制度・ねじれ」（２０１３年６月、文藝春秋）

参考資料

総務省「衆議院議員総選挙・最高裁判所裁判官国民審査結果調」
総務省「衆議院議員総選挙全国意識調査」
総務省「参議院議員通常選挙全国意識調査－調査結果の概要－」
総務省「統一地方選挙全国意識調査－調査結果の概要－」
地方分権改革有識者会議「個性を活かし自立した地方をつくる～地方分権改革の総括と展望～」（平成26年６月）
地方分権推進委員会第２次勧告（平成９年７月８日）
内閣府のホームページ「地方分権アーカイブ：地方分権改革」
各都道府県選挙管理委員会ホームページ
ＮＨＫホームページ「参院選２０１９党首は何を訴えた？」
毎日新聞Ｗｅｂニュース（２０１９年７月22日）
日本経済新聞Ｗｅｂニュース（２０１９年７月22日）
ビデオニュース・ドットコムＷｅｂニュース（２０１９年７月27日）

今こそ政策に一票を投じたい！
～政権選択から政策選択へ～

令和２年９月１日　初版発行

著　者　古吉　　貢

発行者　池上　晴英

発行所　株式会社　美巧社
〒760－0063
香川県高松市多賀町１丁目８－10
TEL 087－833－5811
FAX 087－835－7570

ISBN978-4-86387-125-0 C3031